ことりっぷ co-Trip

軽井沢

電子書籍が**無料ダウンロード**できます♪

電子書籍のいいところ

購入した「ことりっぷ」が
いつでも
スマホやタブレットで
持ち運べますよ♪

まずはことりっぷアプリをダウンロード

詳しくは裏面で

いってきます。

軽井沢に行ったら…

軽井沢に着きました。

さて、なにをしましょうか？

おいしい空気と、心地よいそよ風。
緑あふれるスポットをめぐれば
体の奥からリフレッシュできます。

軽井沢駅に着いたら、まずは豊かな緑を感じませんか。駅から近い雲場池を散策したり、サイクリングをするのもおすすめです。その後は、教会や美術館など気になる場所へ。軽井沢タリアセンやムーゼの森など、緑の中のアートスポットにも立ち寄ってみましょう。

check list

- ☐ 新緑ウォーキング ✉ P.16
- ☐ 森の中の聖なる教会 ✉ P.18
- ☐ 小さな街・ハルニレテラス ✉ P.22
- ☐ 温泉でのんびり ✉ P.26
- ☐ 旧軽銀座でお買い物 ✉ P.30
- ☐ 美術館をめぐってみる ✉ P.82
- ☐ 優雅なホテルに泊まる ✉ P.96
- ☐
- ☐

教会の雰囲気って好き。
おごそかな空気の中で、背筋もピンと
伸びるみたい。✉P.19

きれいな緑を眺めながら
のんびり温泉に入って
リラックスするのもおすすめ。✉P.26

森の中にある軽井沢コモングラウン
ズをぶらり。本を読んで、おいしいも
のを食べてリフレッシュ。✉P.28

軽井沢タリアセンに移築された別荘
は、建築的にも見どころがたくさん。
当時に思いを馳せて。✉P.78

絵本や木工おもちゃが楽しめる
ノスタルジックな空間で
癒しの時間を。✉P.80

軽井沢に行ったら…

なにを食べましょうか？

豊かな自然に囲まれた軽井沢には、
おいしい食材がいっぱい。
フレンチからそばまで何でもあります。

軽井沢に来たらぜひとも食べて帰りたいのが信州の高原野菜。フレンチやイタリアンの名店で、採れたての野菜を使った一皿をオーダーしてみましょう。ソフトクリームなどの乳製品も忘れずに。その濃厚な味わいは、何度も食べたくなる魅惑のおいしさです。

軽井沢にはたくさんのカフェがあります。スイーツがおいしいカフェでゆっくり過ごして。 P.46

check list

- ☐ 濃厚ソフトクリーム ▷ P.36
- ☐ しっかり朝ごはん ▷ P.44
- ☐ おいしいスイーツ ▷ P.46
- ☐ 至福のコーヒー ▷ P.52
- ☐ 本格フレンチ ▷ P.62
- ☐ ヘルシーランチ ▷ P.64
- ☐ 味自慢のビストロ ▷ P.68
- ☐

軽井沢といえばやっぱりフレンチ。いつもより少しおしゃれしてちょっぴり贅沢ランチ。 P.62

なにを買いましょうか？

ジャムに、パンに、チーズ…
軽井沢には食卓にお持ち帰りしたい
おいしいおみやげがいっぱいです。

極上のグルメがそろう軽井沢。国内外から認められたとびきりのチーズをいただきましょう。 P.56

避暑地として外国人からも愛された軽井沢には、外国人直伝の文化が多く残っています。それがジャムやパン作りが盛んな理由のひとつ。さらに信州は、新鮮な野菜や果物の宝庫。さまざまなおいしい食材と出会えるのも魅力です。おしゃれな雑貨探しも楽しいですよ。

check list

- ☐ すてきな雑貨探し ▷ P.34
- ☐ コンフィチュール ▷ P.38
- ☐ 軽井沢スーベニール ▷ P.40
- ☐ 名物パン屋さん ▷ P.54
- ☐ 乳製品とハム・ソーセージ ▷ P.56
- ☐ 軽井沢の新鮮野菜 ▷ P.94
- ☐

信州などの果物を使ったコンフィチュール。さまざまな店で好みの味を探してみましょう。 P.38

今週末、1泊2日で軽井沢へ

電車を降りるとまず感じる、空気のおいしさ。
高原の爽やかな風を感じながら、お目当てのレストランや
美術館をめぐって、ゆったりとした休日を過ごしましょう。

1日め

11:00

北陸新幹線で軽井沢駅へ。インフォメーションで、バス情報やマップを入手してから出かけましょう。

予約していたレストランへ

14:00

自然に癒される♪

12:00

ムーゼの森 P.80へ。軽井沢絵本の森美術館やピクチャレスク・ガーデンを散策。エルツおもちゃ博物館・軽井沢にも足をのばして。

緑の中にたたずむ一軒家レストラン、**エルミタージュ ドゥ タムラ** P.62へ。食通も唸るという名店で至福のランチタイム。

16:30

お部屋でゆっくり

タクシーで**星野リゾート 軽井沢ホテルブレストンコート** P.99に。チェックインしてお部屋でくつろぎましょう。

17:30

宿泊者専用バスですぐの**星野温泉トンボの湯** P.26でのんびり。食事前に疲れた体を癒しましょう。

19:00

ハルニレテラス P.22でディナー。和洋中、いろいろな料理がそろっているので気分によって選べます。

2日め

10:00

朝食後は**軽井沢高原教会** 🗺 P.18 へ。その後、タクシーやバスを利用して軽井沢駅に向かい、荷物をコインロッカーに預けて身軽になって。

出発！

13:00

11:30

レンタサイクルで、旧軽井沢エリアへ。**森のチャペル軽井沢礼拝堂** 🗺 P.20を見学し、**三笠通り** 🗺 P.21を爽快にサイクリング。

木漏れ日が心地いい

ランチは**ベーカリー＆レストラン 沢村 旧軽井沢** 🗺 P.65へ。信州の高原野菜を使ったサラダとパンを味わって。

14:00

15:30

旧軽銀座でおみやげ探し。**フランスベーカリー** 🗺 P.54のフランスパンや、**沢屋 旧軽井沢テニスコート通り店** 🗺 P.38のジャムを購入。

買い物を楽しんだ後は、旧軽銀座奥の**ちもと総本店** 🗺 P.33で昔ながらのかき氷を食べてひと息いれましょう。

17:00

駅前で自転車を返して、**軽井沢・プリンスショッピングプラザ** 🗺 P.92で最後のお買い物。思ってもみなかった掘り出し物に出会えるかも。

19:00

暗くなったら新幹線に乗って帰りましょう。おみやげの買い忘れがあったときは、駅のみやげ物店へ。

プライスダウンしたアウトレット商品が狙い目

地元のおいしいおみやげも♪

もう1泊するなら…

9:00
チェックアウト後、軽井沢駅でレンタカーを借りて、緑豊かな**Karuizawa Commongrounds**  **P.28**へ。**PUBLIC食堂**  **P.45**で、トーストを使った朝食をいただきましょう。

眺めも素敵

10:30

塩沢湖畔の散策路に美術館や文学館がある**軽井沢タリアセン P.78**へ。湖でボートに乗るもの楽しそう。

本との出会いも楽しみ

12:30

ランチは**十割さらしな蕎麦 志な乃**  **P.71**へ。石臼挽きの香り豊かなそばを味わいましょう。

14:00
海外でも高い評価を誇る日本画家の作品を観に、**軽井沢千住博美術館**  **P.83**へ。

15:30
ティータイムはパティスリー＆カフェ**La patisserie TAKAHIRO MARUYAMA**  **P.46**で極上のケーキを。おみやげ用もセレクト。

カフェでまったり

18:00

そろそろ帰ります。
最後においしい空気で深呼吸。リフレッシュしたから、明日からもがんばれそう。

16:45
地元スーパー**ツルヤ軽井沢** **P.76**でおみやげ探し。ジャムやコーヒーなどオリジナル商品も豊富で、迷っちゃう…。

私の旅の
しおり

1日め

軽井沢駅
↓
エルミタージュ ドゥ タムラでランチ
↓
ムーゼの森
↓
星野リゾート
軽井沢ホテルブレストンコートに
チェックイン
↓
星野温泉 トンボの湯
↓
ハルニレテラスでディナー

2日め

軽井沢高原教会から軽井沢駅へ
↓
レンタサイクルで
観光スポットを巡って
↓
ベーカリー&レストラン 沢村 旧軽井沢でランチ
↓
旧軽銀座でおみやげをチェック
↓
ちもと総本店でティータイム
↓
軽井沢・プリンスショッピングプラザ
でお買い物
↓
帰りましょう

もう1泊するなら

3日め

車でKaruizawa
Commongroundsへ
↓
軽井沢タリアセンを散策
↓
十割さらしな蕎麦 志な乃でランチ
↓
軽井沢千住博美術館でアート鑑賞
↓
La patisserie TAKAHIRO
MARUYAMAでひと息
↓
ツルヤ軽井沢でショッピング
↓
帰りましょう

プランづくりのコツ

●広いエリアにスポットが点在している軽井沢では、移動にバスを使うこともしばしばあります。まずは行きたいスポットをピックアップしておき、現地に着いたら効率よく回る方法を観光案内所の人に相談してみましょう。

●旧軽銀座はシーズン中は混み合うので、ゆったり過ごしたい人は中軽井沢など少し離れたエリアがおすすめです。

ことりっぷ co-Trip 軽井沢

CONTENTS

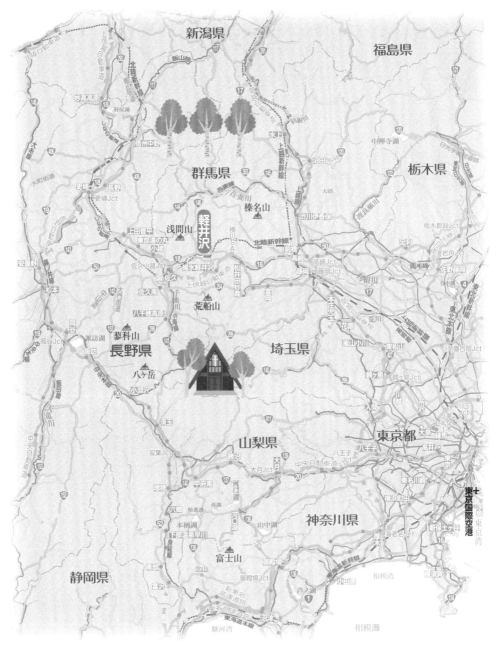

軽井沢をさくっと紹介します

新緑の木立の間を、爽やかな風が通り抜ける軽井沢。
ショッピングや定番の観光を楽しみたいなら新・旧軽井沢へ。
一軒家レストランや美術館なら南軽井沢や中軽井沢がおすすめです。

軽井沢駅で、旅の支度をととのえる

なにはともあれ観光案内所へ

軽井沢駅に着いて最初に向かいたいのが駅構内の観光案内所。バスの時刻表やサイクリングマップはここで手に入れましょう。ほとんどのバスが軽井沢駅のバスターミナルを経由・出発地点としているので、時間や乗り場も確認を。

🗾付録 軽井沢路線バスMAP
軽井沢観光案内所
📞0267-42-2491
🕘9:00〜17:30 休無休

観光地を効率よく回れる軽井沢フリーパス

指定区間内の路線バスとしなの鉄道の軽井沢駅〜小諸駅間の電車に何度も乗り降り可能。1日券2500円、2日券3600円でしなの鉄道の軽井沢駅などで販売。問い合わせは軽井沢観光協会📞0267-41-3850。

観光タクシーで好みの観光プランを

運転手付きのレンタカー感覚で利用できる観光タクシー。集合時間や観光場所を自由に組んで思いどおりのプランで回ることができます。

第一交通📞0267-42-2221
松葉タクシー📞0267-42-2181
軽井沢観光タクシー📞0267-45-5408
ますや交通📞0267-45-5223

大きな荷物はどうする？

実は、観光地の中心から少しはずれているJR軽井沢駅。泊まるホテルの場所によっては、駅のロッカーに荷物を預けると観光後、遠回りをして荷物を引き取ってから宿に向かうことにもなりかねません。少し面倒ですが、あまり遠くないなら、一度ホテルのフロントに預けるのがベター。ティーラウンジがあれば、そこで作戦会議をしてもよいでしょう。

もしかして寒い？と思ったら上着を携帯して

真夏以外は本当に涼しい軽井沢。駅を降りて、少しでも肌寒さを感じたら上着を持って出かけましょう。大丈夫！とトランクごと預けて観光に出かけてしまうと、夕方頃から寒さに耐えられなくなることも。

浅間山の雄大な
自然に抱かれる P.86
北軽井沢
きたかるいざわ
浅間山の麓に広がる高原地帯。自然あふれる絶景に出会える。

美しい自然を
堪能できるエリア
中軽井沢 P.22
なかかるいざわ
複合施設のハルニレテラスやピッキオなどで、豊かな自然を思う存分感じられる。

多彩なアート P.78
スポットが充実
南軽井沢
みなみかるいざわ
軽井沢タリアセンやムーゼの森などのアートスポットが点在。

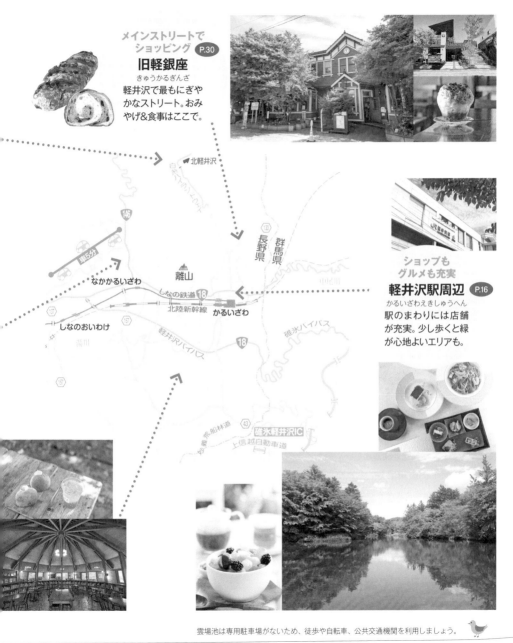

**メインストリートで
ショッピング** P.30

旧軽銀座
きゅうかるぎんざ

軽井沢で最もにぎや
かなストリート。おみ
やげ&食事はここで。

北軽井沢

白糸ハイランドウェイ

146

長野県

群馬県

中尾川

離山

電車5分

なかかるいざわ

しなの鉄道 18

北陸新幹線

かるいざわ

しなのおいわけ

碓氷バイパス

軽井沢バイパス

18

湯川

15

**ショップも
グルメも充実**

軽井沢駅周辺 P.16
かるいざわえきしゅうへん

駅のまわりには店舗
が充実。少し歩くと緑
が心地よいエリアも。

中軽米船林道

43 碓氷軽井沢IC

上信越自動車道

雲場池は専用駐車場がないため、徒歩や自転車、公共交通機関を利用しましょう。

湖越しに昭和初期の別荘がたたずむ

心地よい川のせせらぎ

個性的なホテルも次々オープン

クオリティの高いベーカリーが集まる

避暑地
軽井沢へ

明治時代に外国人宣教師が避暑地として
軽井沢に別荘を建てたことから、
人々が避暑に訪れるようになった軽井沢。
緑豊かな自然はもちろん、
文化や建物も大切に受け継がれています。
古き良き文化や製法、環境を守りつつ、
新たにチャレンジする人々も増え、
軽井沢は新旧の魅力にあふれています。
移りゆく軽井沢へ出かけてみませんか。

焼き菓子も本格的な味わい

木立が立ち並ぶ軽井沢の別荘エリア

お気に入りの
コーヒーを探して

森のなかにある書店も軽井沢ならでは

軽井沢でしたいこと

澄んだ空気と豊かな自然が広がる軽井沢。

朝の気持ちのいい空気の中でウォーキングをしたり、
歴史ある教会や美術館をめぐったり、
緑に囲まれたカフェでのんびりお茶を楽しんだり…。

自分らしい過ごし方で
ゆったりと心の羽を広げられる、
軽井沢休暇の始まりです。

美しい緑の中で深呼吸
軽井沢新緑ウォーキング

清々しく澄んだ空気に鮮やかな緑、やさしい木漏れ日…。
軽井沢駅前からほんの少し足を延ばせば、豊かな自然に触れられます。
水辺の散歩道や木立の中をのんびりと歩きながら、新緑を楽しみましょう。

カモの親子に
出会えるかも

🄐 雲場池
‖ **軽井沢駅周辺** ‖ くもばいけ

"スワンレイク"とも呼ばれる、軽井沢のオアシス

渡りの途中に白鳥がその羽を休めに
訪れたことから、別名"スワンレイク"
とも呼ばれる雲場池は、澄んだ湧き水
をたたえた美しい池。ぐるりと池を囲
む森林は、初夏には輝く新緑に、秋に
は燃えるような紅葉に色づき、湖面を
鮮やかに彩る。池の周りの散策路は
のんびり歩いて一周20分ほど。散歩
にぴったりの長さなので、散策の途中
に立ち寄るのもおすすめ。

📞0267-42-5538（軽井沢観光会館）🏠軽井沢町軽井沢 Ｐなし
🚌バス停六本辻・雲場池から徒歩4分 ［MAP］付録① D-3

🄑 ささやきの小径
‖ **軽井沢駅周辺** ‖ ささやきのこみち

木漏れ日が美しい散歩道

矢ケ崎川沿いにアカシア並木が続くさ
さやきの小径は、木漏れ日とせせらぎ
の音が気持ちよい並木道。別荘地を抜
けると旧軽銀座に通じる。きらきらと
差し込む木漏れ日が美しい。

🚌JR軽井沢駅から徒歩10分
［MAP］付録① E-3

軽井沢の総氏神様にお参りを

標高1200mの碓氷峠頂上に鎮座する熊野皇大神社。樹齢1000年以上のご神木「しなの木」があり、パワースポットとしても注目です。**MAP**付録① F-2

2 堀辰雄の径

‖**軽井沢駅周辺**‖ほりたつおのみち

作家の足跡に思いを馳せて

作家・堀辰雄の別荘があった、万平通りから南東に延びる径。ささやきの小径から分かれるように延び、「フーガの径」という別名も。

‼JR軽井沢駅から車で5分
MAP付録① E-3

4 犀星の径

‖**旧軽井沢**‖さいせいのみち

作家が晩年を過ごした場所

大正から昭和にかけて活躍した文学者・室生犀星が亡くなる前年まで過ごした別荘のある通り。近くには、別荘を改修した記念館も **P.33**。

‼バス停旧軽井沢から徒歩10分 **MAP**付録② D-2

5 旧ゴルフ通り

‖**旧軽井沢**‖きゅうゴルフどおり

美しい緑のトンネルのよう

雲場池の北側を東西に延びる通り。高く伸びた木々の間を歩くだけで気持ちが軽やかになる。車も通るので、散歩時は注意を。

‼バス停聖パウロ教会前からすぐ **MAP**付録① D-3

6 御膳水

‖**旧軽井沢**‖ごぜんすい

清らかな流れに癒やされる

雲場池の源流で、ホテル鹿島ノ森 **P.96**の敷地内にある小さな渓谷に湧き出る水。明治天皇が行幸された際にこの湧水が供された。

‼バス停旧軽井沢から徒歩15分 **MAP**付録① D-3

雲場池には専用駐車場がありません。徒歩や自転車、公共交通機関で訪れましょう。

心が静まる
森の中の聖なる教会

宣教師A.C.ショーによってキリスト教の文化が根づいた軽井沢には、
多くの教会が残っており、今でもミサや礼拝が行われています。
静寂に包まれた空間に身を置けば、自然と心が落ち着いてくるはず。

教会の歴史

1921(大正10)年、前身であった講堂に、キリスト教指導者であり思想家の内村鑑三をはじめ、北原白秋や島崎藤村などの文化人が集い、「真に豊かな心」を求めて語り合う「芸術自由教育講習会」が開かれたことがこの教会の原点。教会は信者を募る場ではなく、軽井沢の自然とキリスト教の愛のもとに、心の交流の場となるべき、という文化人たちの熱い思いが込められています。

木立の中にたたずむ、自然を感じる教会

軽井沢高原教会 ‖中軽井沢‖ かるいざわこうげんきょうかい

教会内に足を踏み入れるとまず感じるのは、やわらかな木のぬくもりと、大きな窓から差し込む木漏れ日のやさしさ。木立の中にたたずみ、四季折々の自然が映し出される軽井沢高原教会は、1921（大正10）年からの歴史がある由緒ある教会。"人々が集う開かれた教会"として受け継がれた思いは、今も訪れる人々を温かく迎えている。日曜には礼拝とハープの演奏「季節の調べ」を、夏とクリスマスにはイベントを開催している。

📞0267-45-3333 🏠軽井沢町星野 🕐10:00〜17:00（挙式時以外は見学自由）🚫無休 ¥無料 🅿あり‼JR軽井沢駅から車で15分
🗺付録① B-3

1自然に溶け込むぬくもりを感じる教会 24毎週日曜の礼拝のほか、四季を通じてさまざまなイベントが開催される 3あたたかな光に包まれる教会内

日曜の礼拝ってどう参加するの？

大抵の礼拝は予約なしで参加OK。礼拝が始まる時間に合わせて教会を訪れて、荘厳な雰囲気に触れてみましょう。

1

2

3

1軽井沢を避暑地として紹介したA.C.ショー 2真紅の絨毯が敷かれた神聖な空間。梁の様子が美しい 3昭和期に設置されたオルガン

旧軽銀座の奥の林にたたずむ礼拝堂。喧騒を離れ、ゆるやかな時間が流れている

軽井沢の父、宣教師A.C.ショーの思いがここに

軽井沢ショー記念礼拝堂 ‖旧軽井沢‖ かるいざわショーきねんれいはいどう

静かな林の中にたたずむこの教会は、軽井沢の父として知られる宣教師A.C.ショー司祭がキリスト教布教の拠点としていた歴史ある場所。主に木材を使用したシンプルな造りの礼拝堂では、今も日曜日に司祭による礼拝が行われている。敷地入口にはA.C.ショーの胸像が置かれており、軽井沢の今を静かに見守っている。

☎0267-42-4740
住 軽井沢町軽井沢57-1 営9:00～17:00
休不定休 ¥無料
Pなし 🚶バス停旧軽井沢から徒歩10分
MAP付録① E-2

ショーハウス記念館もあります

軽井沢第一号の別荘としてショーが1888（明治21）年に建てた建物を移築復元した記念館。

☎0267-45-8695（軽井沢町教育委員会生涯学習課）営4月～11月3日、9:00～17:00（7～9月は～18:00）休期間中木曜（祝日・GW・7月15日～9月15日は開館）¥無料 MAP付録① E-2

「軽井沢ショー記念礼拝堂」は、軽井沢最古の教会として知られています。

新緑と木漏れ日の中を
爽快サイクリング

軽井沢での楽しみのひとつがサイクリング。
木漏れ日が差す木々のトンネルを走り抜けて、
爽やかな風を全身に感じてみませんか。

ぐるっと回って
3時間

軽井沢駅で自転車を借りたら、まずは平坦な道が続く新軽井沢エリアをぐるり。ランチの後は、片道約2kmの緑のトンネル「三笠通り」を走りましょう。きらきらと木漏れ日が光る、軽井沢きってのサイクリングスポットです。

肌にあたる
風を感じて…

1 矢ケ崎公園 やがさきこうえん

駅前に広がる広大な敷地の公園。中央には池があり、浅間山や離山など雄大な景色が眺められる。自転車から降りて、ゆっくりと散歩してみるのもいいかも。
MAP付録① E-4

2 森のチャペル軽井沢礼拝堂
もりのチャペルかるいざわれいはいどう

ホテル軽井沢エレガンスに隣接した教会。ガラス張りのチャペルは森に包まれており、美しい景観。
教会 ☎0267-42-3945（ホテル軽井沢エレガンスブライダルサロン）★軽井沢町旧軽井沢1314 ⏰10:00～19:00 ㊡火曜 ¥無料 Pあり ‼JR軽井沢駅から徒歩8分 **MAP**付録① E-3

\ 自転車を借りるのはココ /

サイクルメイトQ 駅前店 サイクルメイトキューえきまえてん

軽井沢駅の駅前と新軽に店舗を持つレンタサイクル店。自転車の種類も豊富で、子ども車、大人車、電動自転車、2人乗り自転車などさまざまなタイプがある。
レンタサイクル ☎0267-42-8985 ★軽井沢町軽井沢東7-1 ⏰9:00～17:00（8月中旬は8:00～18:00）㊡不定休（雨天時、悪天候、道路の状況により休業あり）¥1時間540円～ Pあり ‼JR軽井沢駅からすぐ **MAP**付録① E-4

2人乗りの
自転車もあるよ

緑に映える、真っ白で清らかな雰囲気のチャペル

3 ナチュラル カフェイーナ

通りの名前を覚えてみましょう
軽井沢には外国のように名前のついた通りがたくさんあります。それぞれの名前を覚えるとサイクリングがもっと楽しくなるはず。

豆から挽き、フレンチプレスで提供する自慢のコーヒーとともにランチやスイーツを。
🗺 P.44

4 雲場池
くもばいけ

「スワンレイク」の愛称をもつ池。四季折々の美しい景色が楽しめ、紅葉の名所としても知られる。20分ほどで一周できるので、散歩にぴったり。
🗺 P.16

カモがのんびりと泳ぐ姿もみられる

5 三笠通り みかさどおり

旧軽ロータリーから旧三笠ホテルまで約2kmにわたって続く緑のトンネル。心地よい風を感じながら走ることができ、サイクリングにぴったり。アーチ状に広がるカラマツ並木の下、木漏れ日が光る。
MAP 付録① D-2

周囲の緑の木々が、鏡のように湖面にも映り込む

6 旧三笠ホテル
きゅうみかさホテル

1905(明治38)年に建てられ、政財界の社交場として利用された純西洋式ホテル。幾何学模様のガラス窓や猫足のバスタブなど、随所に西洋の香りが。

木立の中を
自転車でスーイスイ

文化財 📞0267-45-8695（軽井沢町教育委員会生涯学習課）
🏠軽井沢町大字軽井沢1339-342 MAP 付録① D-1
※現在改修工事のため休館中（～2025年夏頃までを予定）

サイクルメイトQでは手荷物の無料預かりや、オリジナルサイクリングMAPの配布などのサービスも。ぜひ活用してみては。

軽井沢でしたいこと／爽快サイクリング

軽井沢のこだわりが見つかる
川と緑に囲まれた小さな街・ハルニレテラス

中軽井沢には「星野エリア」と呼ばれる場所があり、宿泊施設や飲食店が集まっています。
その中でも人気の「ハルニレテラス」にはセレクトショップやレストランなどが軒を連ねます。
軽井沢に暮らす人々が日常に使い、味わっている"本当によい品"が見つかるはず。

1 この看板が目印 2 緑豊かな空間に
レストランや雑貨店などが並ぶ
3 4 こだわりのミルクと旬の農作物で
つくるジェラートが自慢の「HARVEST
NAGAI FARM」。白を基調にした店内
でひと息 5 カフェやレストランも併設
のベーカリー「沢村」 6 ソムリエセレク
トの本格ワインがそろう「CERCLE
wine & deli」 7 夕暮れ時の利用もおす
すめのテラス席

ハルニレテラス

ハルニレの木々と川に囲まれた小さな街「ハ
ルニレテラス」。ウッドデッキのテラスには
レストランやカフェ、雑貨店など、こだわりの
16店舗が並ぶ。ショッピングの後は、軽井沢
の豊かな自然を感じながら、テラス内を散歩
するのもおすすめ。

📞050-3537-3553
🏠軽井沢町星野
🕐店舗・季節により異なる
㊡無休 Ｐあり
‼️バス停星野温泉トンボ
の湯からすぐ
MAP 付録① B-3

ハルニレテラスMAP

星野温泉、トンボの湯、村民食堂へ

中国家庭料理 糸須林 ↪P.74

季節によって変わる雰囲気も楽しんで
秋は青空の下、色づく樹々に囲まれつつ本が読める「紅葉図書館」で、冬はクリスマスイルミネーションと、四季折々の楽しみもあります。

軽井沢でしたいこと／川と緑に囲まれたハルニレテラス

A イタリアン イル・ソーニョ

○RESTAURANT

旬の野菜を使ったピザやパスタを提供するカジュアルな雰囲気のトラットリア。地豆たっぷりジェノベーゼなどこだわりのパスタは絶品。
☎0267-31-0031
🕐11:00〜21:00

○RESTAURANT

B CERCLE wine & deli
セルクルワインアンドデリ

本格デリとソムリエセレクトのワインが楽しめる店。店内ではランチやディナーが味わえ、デリはテイクアウトもOK。こだわりの調味料なども充実。
☎0267-31-0361 🕐10:00〜20:00

○ZAKKA

C 我蘭憧
がらんどう

ヨーロッパ各地から集めた木製のおもちゃやインテリア雑貨、生活雑貨などを販売。展示している商品のほか、オーダーメイドもできる。
☎0267-31-0036 🕐10:00〜18:00

E 丸山珈琲
まるやまこーひー

○CAFE & BOOKS

コーヒー通の間で有名な軽井沢発祥の人気カフェ。世界各国から厳選された豆をフレンチプレスで淹れる高品質なコーヒーは格別。
☎0267-31-0553
🕐8:00〜18:30

D NATUR TERRACE
ナチュールテラス

○ZAKKA

スウェーデンを拠点にデザイナーとして活躍してきたオーナーが営む北欧雑貨店。温かみのある木製品や陶磁器などには、センスがキラリ。
☎0267-31-0737
🕐10:00〜18:00

F HARVEST NAGAI FARM
ハーヴェストナガイファーム

浅間山の麓にある永井農場直営店。こだわりのミルクや旬の農作物でつくるジェラートは年間で約40種類以上。1番人気はピュアミルク。
☎0267-31-0082
🕐10:00〜18:00

○CAFE & SWEETS

冬は休業してしまう店が多い中軽井沢ですが、ハルニレテラスは通年営業（各店舗の営業時間は季節により変動あり）しています。

星野エリアの2つのおいしいスポット
カジュアルレストラン&湯上がりカフェ

JR軽井沢駅から車で15分の軽井沢星野エリアには
ホテルや温泉施設、レストランなどがそろっています。
なかでもふらりと立ち寄れる2つのおいしいスポットをご案内します。

1信州の恵みを贅沢に組み合わせた「信州彩り御膳」3500円 **2**天井が高く明るい光が差し込む開放的な雰囲気 **3**緑豊かなロケーションに建つ。星野エリアの自然に溶け込んだ落ち着きあるたたずまい **4**レタスが丸ごと使われた店自慢の「シャキッとレタスのシーザーサラダ」980円

訪れた人をおいしくもてなす
村民食堂
そんみんしょくどう

店名は小説家・堀辰雄が作品の中で軽井沢を「美しい村」と呼んだことから、その村を訪れる人々をおいしくもてなしたいと命名。信州の名物料理や季節の素材を使った料理をはじめ、定食や丼もの、そばなどメニューは幅広く、家族はもちろんひとりでも気軽に楽しめる。夜は一品料理も充実しているので、信州の地酒などとともにゆっくりと味わって。

menu

和牛のよくばりひつまぶし	3600円
味噌山賊焼き定食	1830円
熟成味噌煮込みハンバーグ	1830円
ぶっかけ蕎麦	1680円
温泉卵プリン	480円

☎0267-44-3571 ⌂軽井沢町星野
⏰11:30〜21:30（季節により変動あり）
⊠無休 Ｐあり 🚌バス停星野温泉トンボ
の湯からすぐ MAP付録① B-2

「ハングリースポット」の店名の由来は？
近隣の森に棲んでいたツキノワグマの「スポット」から。人間と自然の共生を考える発信地でありたいという願いが込められています。

開放的な雰囲気のなかのんびりくつろげます

■コク、喉ごしとも抜群の、よなよなエール900円は■ソフトクリーム450円はバニラ、花豆、ミックスの3種類をラインナップ■温泉あがりに利用したいテラス席。風に吹かれながら生ビールをのんびりと味わって■■大きな窓に囲まれ、黒を基調とした落ち着いた空間

ハンドポンプで注がれる、こだわりのエールビール

カフェ ハングリースポット

「星野温泉 トンボの湯」🗺P.26に隣接するカフェ。人気のクラフトビール「よなよなエール」をじっくりと味わえるのが魅力で、ハンドポンプから注がれた躍る泡は、とてもクリーミー。そのほかほっこりとした甘さの花豆ソフトクリームや温泉卵プリンなど、湯上がりに味わいたいスイーツも充実している。「村民食堂」での食事の後や、湯上がりにふらっと立ち寄るのもおすすめ。

menu

柚子茶(Hot/Ice)	450円
りんごジュース	600円
コーヒー	450円
アイスティ	450円
生ビール(グラス)	900円〜

📞0267-44-3571(村民食堂) 🏠軽井沢町星野 🕐9:30〜 21:30(季節により変動あり) 🈺無休 🅿あり ‼バス停星野温泉トンボの湯からすぐ 🗺付録① B-2

同じ星野エリア内の「ハルニレテラス」内にもイタリアンやそば、中華など、飲食店が充実しています。

避暑地で温泉もいいものです
湯けむりに包まれてゆったり

意外と知られていないのが、軽井沢に日帰り温泉があるということ。
歴史ある星野温泉をはじめ、古くから美肌の湯として知られています。
たくさん遊んで疲れた体を、中軽井沢エリアの温泉で癒やしましょう。

❶巨大な花崗岩を配置した露天風呂。自然を間近に感じられる ❷檜の香りが漂う内湯 ❸りんご湯やゆず湯など季節湯も開催 ❹冬は雪見露天も楽しめる ❺宿場をイメージしたたたずまい

モダンと歴史が交差する、源泉かけ流しの湯

星野温泉 トンボの湯 ほしのおんせんトンボのゆ

モダンでスタイリッシュな外観とはうらはらに、1915（大正4）年に開湯という歴史がある星野温泉は、「美肌の湯」として文化人にも愛され続けている温泉。大きな窓と高い天井、檜の香りに癒やされる内湯と、自然に囲まれた露天風呂の2つがあり、ゆったりと入浴することができる。同じ星野エリア内には川辺の遊歩道でつながるハルニレテラス 🗺P.22があり、グルメやショッピングなど入浴後の散策にもおすすめ。

・‥• information •‥・

泉質：単純温泉（低張性 弱アルカリ性 高温泉）
¥1350円※GW・夏季は特別料金
🕙10:00～21:15（GW、8月は9:00～22:00）
タオル（有料）／バスタオル（有料）
シャンプー／ドライヤー　あり

📞0267-44-3580　🏠軽井沢町星野　㊡無休　🅿あり
🚌バス停星野温泉トンボの湯からすぐ　MAP付録① B-2

❶静かで穏やかなひとときを過ごすことができる ❷フィンランドコテージ・サウナに入れば、湯上がりもポカポカが持続

趣のある美しい風景とやわらかいお湯が自慢

立ち寄りの湯 軽井沢千ヶ滝温泉

たちよりのゆかるいざわせんがたきおんせん

自然に囲まれた露天風呂が人気。泉質は弱アルカリ性。やわらかなお湯で、じっくりと温まることができる。美容や疲労回復に効果が高いフィンランドコテージ・サウナ（遠赤外線FSサウナ）も備える。

♪0267-46-1111 🏠軽井沢町千ヶ滝温泉 休無休（メンテナンス休あり）Pあり ‼バス停千ヶ滝温泉からすぐ MAP付録① A-2

information
泉質：ナトリウム-炭酸水素塩・塩化物温泉
¥平日1200円、土・日曜、祝日1300円、特別日1550円
⏰12:00～21:30（土・日曜、祝日、特別日は10:30～22:00）
タオル（有料）／バスタオル（有料）
シャンプー／ドライヤー　あり

information
泉質：炭酸水素塩泉
¥1000円
⏰11:30～21:00（時期により変動あり）
タオル（有料）／バスタオル（有料）／シャンプー／ドライヤーあり

❶情緒ある露天風呂は老舗温泉の風格。自然を楽しみながらゆったり浸かって ❷貸切家族風呂もある

800年の歴史を持つ、軽井沢最古の湯

塩壺温泉ホテル しおつぼおんせんホテル

鎌倉時代に源頼朝が発見したという伝説のある、軽井沢で最も古い湯。胃腸痛や神経痛、美肌に効果があるとされ"長命泉"として親しまれてきた。周囲には、野鳥の日本三大生息地のひとつと言われる森林が広がり、露天風呂に野鳥やリスが遊びに来ることもある。

♪0267-45-5441 🏠軽井沢町中軽井沢塩壺 休無休 Pあり
‼バス停星野温泉トンボの湯から徒歩10分 MAP付録① B-2

軽井沢のなかでも温泉が多いのは中軽井沢エリア。夜に温泉に入りたいと考えているなら、宿もこのエリアで選ぶのがベター。

自然豊かな森に癒やされる
軽井沢コモングラウンズへ

中軽井沢の高井原交差点北側にある森に包まれた軽井沢コモングラウンズ。
書店をはじめ、カフェや雑貨、デリ、ワイン、燻製のお店など、
この場所で1日過ごしたくなるようなショップが建ち並んでいます。

①施設中央部に位置する軽井沢書店。外のチェアは自由に座れる **②**当時の建物の古材も利用。アートも展示 **③**RK DAYSのデリは常時10種類ほど並ぶ **④**店は木立の中に点在 **⑤**PUBLIC食堂の夏季限定のかき氷 **⑥**SHOZOの焼き菓子をおみやげに **⑦**鳥のさえずりにも耳を傾けて **⑧**燻製をトッピングした軽井沢いぶるのソフトクリーム500円

Karuizawa Commongrounds かるいざわコモングラウンズ

学校の寄宿舎だった場所を生かした地域コミュニティ施設。敷地内には軽井沢書店のほか、7つのショップとインターナショナルスクールが点在。木々の間を散歩しながら個性豊かな各店をめぐったり、森の中で読書やグルメを楽しんだり、リラックスして。

☎0267-46-8590（軽井沢書店 中軽井沢店）⌂軽井沢町長倉鳥井原1690-1 ⏰店舗により異なる 休火曜 Ｐあり ！！しなの鉄道中軽井沢駅から徒歩15分 MAP 付録① B-4

PUBLIC食堂は P.45で紹介

デリとワインを一緒に楽しむ
RK DAYSのデリをaVin bio wine shop karuizawaのカウンター席で、ワインと合わせて食べるのもOK。おつまみセット980円も頼めますよ。

PUBLIC食堂はP.45で紹介

軽井沢書店 中軽井沢店 かるいざわしょてんなかかるいざわてん

窓越しの木々と一体感を感じられる書店。自然科学やデザイン、建築、児童書、食などの本が並ぶ。セレクトされたアートや雑貨も人気。

📞0267-46-8590 🕐9:00〜18:00(季節により変動あり)

● BOOKS

FOOD&ZAKKA

RK DAYS
アールケーデイズ

心を豊かにしてくれる雑貨や上質な食品がそろうセレクトショップ。手作りのデリも充実し、一番人気はシェフが作る甘じょっぱい唐揚げ「てりから」。

📞0267-41-0601 🕐10:00〜18:00 (季節により変動あり)

aVin bio wine shop karuizawa
アヴァンビオワインショップカルイザワ

● WINE&JUICE

フランスのビオワインや長野県産の無農薬・減農薬のワインを販売。カウンター席では量り売りの本日のワイン50cc500円〜や、オーガニックのぶどうジュースなどが味わえる。

📞0267-41-6731 🕐10:00〜18:00(11〜3月は〜17:00)

● CAFE

お店で焼き上げるクロワッサン360円

SHOZO COFFEE 軽井沢
ショウゾウコーヒーかるいざわ

那須塩原にあるSHOZO CAFEの姉妹店。店内で焼き上げるスコーンやクロワッサン、ケーキなどと一緒に、エスプレッソドリンクが楽しめる。

📞0267-41-6886 🕐9:00〜17:00(季節により変動あり)

OSOBAR オソバー

● SOBA

注文後に揚げる大きな春菊や旬野菜を乗せた信州そばが評判。ていねいに取った甘めのだしとの相性は抜群。テラス席でいただける。

📞0120-131-775 🕐10:00〜16:00、18:00〜21:00(金・土曜のみ夜営業あり)

軽井沢いぶる かるいざわいぶる

燻煙をかけ流しながら低温燻製で作る燻製専門店。旨みが引き出された燻製しょうゆやオリーブオイルが人気。燻製ナッツやチーズはおつまみに。

📞0267-41-6677 🕐10:00〜18:00(季節により変動あり)

● FOOD

軽井沢書店では、スタッフが見つけた実店舗を持たないお店のおいしいおやきやカヌレなども販売。チェックしてみては。

軽井沢のメインストリート
旧軽銀座周辺をぶらり①

軽井沢で最もにぎやかなのが、旧軽銀座と呼ばれるメインストリート。
軽井沢に来たなら一度は足を運びたい観光スポットです。
ショップやレストランが立ち並ぶ通りは、散策するだけでも楽しいですよ。

✎ 軽井沢といえばまずはココ ✎

旧軽銀座 きゅうかるぎんざ

多くの観光客が訪れる、軽井沢観光に外せない人気エリア。メインの通りはもちろん細い脇道にも気になるお店がたくさん。

自家焙煎コーヒーとスイーツを楽しむ
沢村ロースタリー 軽井沢
さわむらロースタリーかるいざわ

自家製酵母を使い、低温で長時間熟成した生地で作るパンが評判の「沢村」が営む、コーヒーの焙煎所&カフェ。コーヒーに合うロースタリー限定のパンや焼き菓子が並ぶ。焙煎したコーヒーを使った風味豊かなスイーツやドリンクがおすすめ。エスプレッソを加えたモカソフトもぜひ。

📞0267-41-6411 🏠軽井沢町軽井沢8-11 🕖7:00～20:00(季節により変動あり) 🈺無休 🅿あり 🚏バス停旧軽井沢から徒歩3分 📍付録① E-3

1 人気のドイツ伝統の焼き菓子、クラップフェン660円とコーヒーあんドーナッツ388円。スペシャルティコーヒーはハンドリップで 2 コーヒーカヌレ346円

3 店内奥に完全熱風式の焙煎機を設置。コーヒー豆も販売
4 2階のカフェは黒を基調にし、大人が落ち着ける空間にしている。テラス席もある 5 ロースタリー限定のクロワッサンはサクッとした食べ応えのある食感

レストラン併設の人気ベーカリー

「沢村ロースタリー 軽井沢」からほど近い「ベーカリー＆レストラン沢村 旧軽井沢」 ☞P.65 では自家製酵母パンと欧風料理が楽しめます。

コンクリートを使いながらも自然と調和するデザイン。傾斜の強い三角屋根と大きな尖塔が印象的

建築物としても興味深い街のシンボル
聖パウロカトリック教会
せいパウロカトリックきょうかい

建築家アントニン・レーモンドが設計を手がけ、1935（昭和10）年に設立。堀辰雄の小説に登場することでも知られている。

📞0267-42-2429 🏠軽井沢町軽井沢179 🕐9:00〜16:00（教会活動中は入堂不可） 🈚無休 💴無料 🅿なし 🚌バス停聖パウロ教会前からすぐ 🗺付録② B-1

絶品クレープ＆特製ガレット
ラ・フェ・ブルトン

クレープと、そば粉100％のガレットが味わえる店。砂糖不使用なのに濃厚でほんのり甘い生クリームが味の決め手。季節限定メニューもあるのでチェックしてみては。

📞なし 🏠軽井沢町軽井沢805 🕐3月上旬〜1月中旬、10:30〜17:00（時期により変動あり）🈚期間中不定休 🅿なし 🚌バス停旧軽井沢からすぐ 🗺付録② B-2

スイーツも絶品の洋食店
Paomu Karuizawa
パオムカルイザワ

特製デミグラスソースのハッシュドビーフなどが味わえる洋食店☞P.73。軽井沢プリンやミルキー生チーズケーキを販売するショップも併設。

📞0267-42-8061 🏠軽井沢町軽井沢806-1 2F 🕐11:00〜14:30（ショップは10:30〜17:00、変動あり）🈚木曜（不定休・冬季休業あり）🅿なし 🚌バス停旧軽井沢からすぐ 🗺付録② B-2

🔳落ち着いた雰囲気の店内 🔳軽井沢プリン508円は北軽井沢高原牛乳や特選生クリームなど厳選素材を使用

🔳テイクアウト専門の店 🔳木苺のキャラメルチョコソース580円。ソースには自家製木苺フィリングとベルギー産キャラメルチョコを使っている

🔳旧軽銀座通りと聖パウロカトリック教会をアーケードで結んでいる 🔳軽井沢の作家が作る雑貨や軽井沢限定グッズを扱う店もある

個性派ショップがそろうショッピングモール
チャーチストリート軽井沢
チャーチストリートかるいざわ

さまざまなジャンルのグルメのほか、雑貨やファッションなど軽井沢らしさを感じさせるショップがそろう人気モール。イベントなども随時開催している。

📞0267-41-2501 🏠軽井沢町軽井沢601-1 🕐10:00〜18:00（飲食店は11:00〜20:00）🈚不定休（GW・夏季休業）🅿あり 🚌バス停旧軽井沢から徒歩5分 🗺付録② B-1

旧軽銀座にはコンビニやスーパーがありません。ちょっとした買い物は駅構内で済ませておきましょう。

軽井沢でしたいこと／旧軽銀座周辺をぶらり①

軽井沢のメインストリート
旧軽銀座周辺をぶらり②

名物グルメの食べ歩きやとっておきスイーツのあるカフェなど、
おいしいものも充実している旧軽銀座。
時間があれば、教会や史跡などのスポットを見学するのもおすすめです。

上質の自家焙煎コーヒーや
コーヒーフロートでひと息
KARUIZAWA COFFEE COMPANY
カルイザワコーヒーカンパニー

豆の配合や焙煎具合など、好み
にあわせてカスタマイズしたコー
ヒー豆が買える自家焙煎コー
ヒー店。テイクアウトのコーヒー
やソフトクリームも味わえる。

📞0267-41-0697 🏠軽井沢町軽井
沢748-6 🕘9:30〜18:00
㊡無休 🅿なし 🚌バス停旧軽井沢
から徒歩6分 MAP付録② C-2

❶焙煎やドリップしている様子が見られる店
内。イートインスペースも ❷注文後にハンドリ
ップで淹れるハウスブレンド550円。カップを返
却すると次回100円割引券と引き換えてもらえ
る ❸コーヒーフロート850円。15時間かけて低
温抽出した水出しアイスコーヒーはコクがある

肉汁たっぷりの
メンチカツサンド
軽井沢の
ころっけやさん
かるいざわのころっけやさん

❶注文を受けてから
揚げたてを提供する
のがモットー ❷特製
メンチパン540円。フ
ランスベーカリー➡
P.54のパンを使用し
た、軽井沢ならではの
味わい

国産豚肉にこだわったコロッケ
専門店。ジューシーなメンチカツ
とたっぷりキャベツが食欲をそ
そる。揚げたてのあつあつサク
サクが食べられるのもうれしい。

📞0267-42-7667 🏠軽井沢町軽井
沢634 🕘10:00〜18:00 ㊡不定休
（冬季休業あり）🅿なし 🚌バス停
旧軽井沢から徒歩7分
MAP付録② C-1

✎ 観光情報はココで ✐

軽井沢観光会館
かるいざわかんこうかいかん

旧軽銀座の中心にあるクラシカルな外
観が目を引く、観光情報から季節のイ
ベント情報まで入手できる場所。2階に
は鉄道ミニ博物館も。MAP付録② C-2

天然氷のかき氷でひと休み
シブレット

軽井沢の天然氷の製造元が営む喫茶店。天
然氷のかき氷は、通常の倍以上のボリューム。
きめ細かなパウダースノー状で、ふわっとや
わらかな口あたり。シロップは全25種類。

📞0267-42-2222
🏠軽井沢町軽井沢
668 🕘4月下旬〜11
月3日ごろ、10:00〜
16:30 ㊡期間中不定
休（7月下旬〜9月中
旬は無休）🅿なし
🚌バス停旧軽井沢か
ら徒歩10分
MAP付録② D-1

浅間山麓の清水を使
ったかき氷が660円〜

トイレの場所をチェックしましょう
旧軽井沢の公衆トイレは旧軽銀座入口から三笠通りを少し進んだ左側と、旧軽銀座を上りきった二手橋近くと郵便局裏にあります。

軽井沢でしたいこと／旧軽銀座周辺をぶらり②

神宮寺 卍

軽井沢のころっけやさん

←P.30に続く

旧軽銀座通り

シブレット ●

① 軽井沢
観光会館

ちもと
総本店 ●

KARUIZAWA
COFFEE
COMPANY

ショー通り

犀星の径

● 軽井沢会
テニスコート

● 室生犀星記念館

旧軽井沢Cafe 涼の音

軽井沢をこよなく愛した 小説家の別荘を見学
室生犀星記念館
むろうさいせいきねんかん

晩年毎夏を過ごし、軽井沢を舞台にした多くの作品を残した室生犀星。堀辰雄や川端康成とも交流したという別荘が残されている。

1931（昭和6）年から亡くなる前年の1961（昭和36）年まで過ごした別荘。庭は自ら手を入れたものだそう

📞0267-45-8695（軽井沢町教育委員会生涯学習課）🏠軽井沢町大字軽井沢979-3 🕐4月29日〜11月3日、9:00〜17:00 ㊡期間中無休 💴無料 🅿なし 🍴バス停旧軽井沢から徒歩10分 MAP付録② D-2

国登録有形文化財で 優雅な時間を
旧軽井沢Cafe 涼の音
きゅうかるいざわカフェすずのね

旧軽銀座から少しそれた静かな場所にある、昭和初期に建てられた旧松方家別荘を改装したカフェ。当時を思わせる家具も残る落ち着いた空間が魅力。

📞0267-31-6889
🏠軽井沢町軽井沢972（旧サロモン別荘）🕐3月中旬〜12月中旬、9:00〜17:00 ㊡期間中水曜 🅿なし 🍴バス停旧軽井沢から徒歩10分 MAP付録② D-2

❶オレンジタルトケーキ770円とレモネード770円。ランチにはタコライス1430円もおすすめ ❷木立ちの中のテラス席

歴史ある甘味処でかき氷を
ちもと総本店 ちもとそうほんてん

江戸時代から受け継ぐちもと餅250円が名物の甘味処。軽井沢の天然氷で作るかき氷が人気で、特製の自家製シロップで楽しめる。

📞0267-42-2860
🏠軽井沢町軽井沢691-4 🕐10:00〜17:00（季節により変動あり）㊡不定休 🅿なし 🍴バス停旧軽井沢から徒歩10分 MAP付録② D-1

❶宇治抹茶と自家製あんが味わえる宇治金時950円など種類豊富な天然かき氷 ❷長屋の雰囲気が漂う建物

チャーチストリート軽井沢と軽井沢観光会館にもトイレはありますが、どちらも有料です。

旧軽銀座周辺で見つけた
かわいい雑貨たち

軽井沢には洗練された小物を扱う個性的な雑貨店がたくさん。
伝統工芸品から作家ものの一品まで、自分へのおみやげに、
誰かへのプレゼントに…すてきなアイテムを見つけてみて。

湯町窯 エッグベーカー
4620円
島根県で100年続く窯元。暖かみのある色と形の民芸の器はひとつひとつに表情がある

姫手鏡 6820円
しっくりと手になじむ手鏡には繊細な彫りが施されている

星の瓶詰め★ペンケース
2530円
オリジナルイラストをシルクスクリーンで手刷りしたケース

銀流し 銅酒器
1合25300円
軽井沢の作家がひとつひとつ打ち出しで作る人気の銅酒器

ロングスプーン
3740円〜
口当たりがやわらかく、木のやさしさが伝わるスプーン

ミニ行灯
2300円
LED式。繊密にカットされた木材と和紙の隙間から漏れる光が繊細な陰影を映し出す

 生活に彩りを添える雑貨の数々がずらり

酢重ギャラリー ダークアイズ

すじゅうギャラリーダークアイズ

日本各地の窯元の器をはじめ、北欧家具や遊び心あふれる生活雑貨など、選りすぐりの商品が並ぶ。隣接のギャラリーでは個展も。

☎0267-41-2828 🏠軽井沢町軽井沢1-7
🕙10:00〜18:00（季節により変動あり）
🈺無休 🅿なし
🚌バス停旧軽井沢からすぐ 🗺付録②
A-3

 小物から家具まで軽井沢彫の老舗

一彫堂ICCHODO 軽井沢彫

いっちょうどうかるいざわぼり

1927（昭和2）年創業、軽井沢彫家具の老舗。万平ホテルの室内家具なども手がけ、伝統技術に西洋の要素を取り入れた美しい彫りが特徴。

☎0267-42-2557 🏠軽井沢町軽井沢775 🕙10:00〜17:00（8月は〜18:30）
🈺無休（冬季は不定休）🅿なし 🚌バス停旧軽井沢から徒歩3分 🗺付録②
B-2

 常時30名前後の作家の作品がそろう雑貨店

QCUL ATELIER

キュウカルアトリエ

「軽井沢の自然の中にある、本物をつくりあげる作業場」をコンセプトに、全国から作家作品を集めて販売。作品のイメージに合わせてコーディネートされた空間もおしゃれ。

☎0267-31-6979 🏠軽井沢町軽井沢601-1 チャーチストリート軽井沢1F
🕙10:00〜18:00 🈺不定休（チャーチストリート軽井沢に準じる）🅿あり 🚌バス停旧軽井沢から徒歩5分 🗺付録② B-1

ペット雑貨も充実

ペット連れで訪れる観光客が多い軽井沢。街を歩いていると、ペット用のグッズを扱っている雑貨店もよく見かけます。

こりすのハンカチ 1100円
上質なコットンリネン素材。店のイメージの「リス」を織り込んだオリジナルハンカチ

だるま 各1430円
だるま作家・山口さくらさんの作品。個性あふれるデザインがかわいい

箸4400円〜
箸置き3300円〜
職人の手でていねいに手彫りされた桜が美しく、品のあるデザイン

オールドマンズテーラー
ロゴトートバッグ 9900円
山梨県富士吉田市の人気メーカーが作る丈夫で上質なリネン素材バッグ

ドライフラワーパネル 1485円〜
こちらはmilwaukieの作品。インテリアのアクセントになりそう

銘々皿4950円〜
桜のモチーフが施された木の小皿。ティータイムを華やかに彩りそう

 D 上質な洋服と日常雑貨を幅広くセレクト

coriss
コリス

築100年以上の洋風建物がすてきなセレクトショップ。オーナー夫妻が厳選した良質な洋服や使い勝手の良いかわいい日常雑貨がそろう。

♪0267-46-8425 ⌂軽井沢町軽井沢10-2
🕐10:30〜17:30 ㊡水曜
Ⓟあり ‼バス停旧軽井沢から徒歩3分
MAP付録① E-3

E ほっこりする生活雑貨とおいしいコーヒーの店

yoito
ヨイト

使いやすく特別感のある生活雑貨やインテリア、古本を扱う。店内はキッチン、リビングなどを想定した内装で、コーデの参考にもなりそう。

♪0267-41-4112 ⌂軽井沢町軽井沢601-1 チャーチストリート軽井沢1F
🕐10:00〜18:00 ㊡不定休（チャーチストリートに準じる）Ⓟあり
‼バス停旧軽井沢から徒歩5分
MAP付録② B-1

F 100年を超える軽井沢の伝統工芸をおみやげに

大坂屋家具店
おおさかやかぐてん

創業120年以上を誇る老舗家具店。軽井沢彫のシンボルである「桜」や「葡萄」が施された繊細で美しい家具や小物の数々がそろう。

♪0267-42-2550 ⌂軽井沢町軽井沢629 🕐10:00〜17:00（7〜9月は9:30〜18:00）㊡木曜（祝日の場合は営業、7〜9月は無休）Ⓟなし ‼バス停旧軽井沢から徒歩7分 MAP付録② C-1

おしゃれな店は店内や外観の雰囲気もすてき。購入したアイテムをコーディネートする際の参考にしてもよさそう。

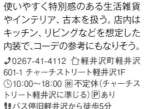

食べ比べしたい濃厚な味が魅力の
ソフトクリームとジェラート

旧軽井沢を歩いているとよく目にするオリジナルソフトクリームやジェラート。
新鮮な牛乳をたっぷり使ったものなど、種類もさまざま。
あなたのお気に入りはどのソフトクリーム？

ロースターズ
モカソフト
734円

ミカド珈琲のモカソフト®
480円（テイクアウト）
650円（店内）

小布施
牛乳ソフト
400円

沢村ロースタリー 軽井沢
さわむらロースタリーかるいざわ

自家焙煎したエチオピア産コーヒー
豆から抽出したエスプレッソを加え
たモカソフト。甘さ控えめで、コーヒ
ーを飲んでいるような深い味わい。

店舗情報は🗺P.30

ミカドコーヒー 軽井沢旧道店
ミカドコーヒーかるいざわきゅうどうてん

自社焙煎の、香り高いコーヒーをドリ
ップしたなめらかなソフトクリーム。
夏には行列もできるほどで、軽井沢
に来たら一度は試したい味。

📞0267-42-2453 🏠軽井沢町軽井沢786-
2 🕐11:00～16:30 🈺不定休(HPで要確
認) 🅿なし 🚶バス停旧軽井沢から徒歩3
分 MAP付録② B-2

CAFE SAKU-G
カフェサクジー

信州小布施町で長年愛される「オブセ
牛乳」を使用したソフトクリーム。濃
厚な味わいながら口どけがよく後味は
さっぱり。栗づくし800円なども人気。

📞0267-46-8310 🏠軽井沢町軽井沢606-
3 小坂プラザ1F 🕐10:00～17:00（季節に
より変動あり) 🈺無休(1～3月は不定休)
🅿なし 🚶バス停旧軽井沢から徒歩5分
MAP付録② C-2

コーヒー焙煎所に併
設されたカフェ。ソフト
クリームのほか、夏は
エスプレッソレモネー
ドソーダやアップル
モカなどの冷たいドリ
ンクもおすすめ

1階はテイクアウトの
ほか、コーヒー豆やオリ
ジナル菓子を販売。2
階は喫茶室になって
いて、くつろぎながらケ
ーキセットやモカゼリ
ーが味わえる

小布施の栗菓子の老
舗「栗庵風味堂」のカ
フェ。店内で販売して
いる和菓子はすべてイ
ートイン可能。天気の
いい日はテラス席で休
憩するのもおすすめ

竹風堂の栗あんソフトもお忘れなく
「竹風堂 軽井沢駅前店」 P.58では、栗あんソフトクリーム400円を販売。栗の上品な風味をぜひ味わってみて。

巣房蜜
ソフトクリーム
830円

ジェラート
ダブル
750円

Karuizawa Coffee
Soft cream
500円

杉養蜂園 軽井沢店
すぎようほうえんかるいざわてん

国産および世界のハチミツを扱う専門店。ミツバチが作る芸術品「巣房蜜」をトッピングした、はちみつソフトクリームがおすすめ。

📞0267-42-6389 🏠軽井沢町軽井沢634
🕐9:00〜18:30（季節により変動あり）
🈡無休 Pなし 🍴バス停旧軽井沢から徒歩7分 MAP付録② C-1

ジェラート&ワイン リビスコ
ジェラートアンドワインリビスコ

手作りにこだわったジェラート専門店。卵を一切使用せず、素材の風味を生かしたジェラートはコクがあるのにさっぱりした味わい。

📞0267-42-9113 🏠軽井沢町軽井沢746-4 🕐3月下旬〜11月上旬、10:00〜日没（冬季は要確認）🈡期間中無休 Pなし 🍴バス停旧軽井沢から徒歩7分 MAP付録② C-2

KARUIZAWA COFFEE COMPANY
カルイザワコーヒーカンパニー

焙煎したてのコーヒー豆をそのまま1日ミルクに浸して作る、オリジナルのソフトクリーム。見た目は白いが、コーヒーの風味が存分に味わえる。

店舗情報は P.32

おしゃれな店内には世界のハチミツがズラリ。ブルーベリー、ゆずなど果汁入りのハチミツもある。味の違いは店員さんに気軽に質問を

ジェラートのレシピは20種類以上。季節に合わせた数種類を、毎朝その日の分のみ手作りしている。フルーツは旬の生のものを使っている

自家焙煎コーヒー専門店ならではのトッピングは、コーヒー豆を粗く挽いた粉。かけるとビターな味わいに。コーヒーフロートも人気がある

夏の暑い日にはソフトクリームだけでなく、味の種類が豊富なジェラートも見逃せません。

信州フルーツを使った
軽井沢コンフィチュール

オリジナルコンフィチュール（ジャム）がいろいろな店で製造されている軽井沢。
そんなことからも、コンフィチュール作りが土地に根づいていることが感じられます。
信州の新鮮な果物を使った、旧軽井沢にある専門店のとびきりの味をご紹介。

季節の旬を閉じ込めて

左からミルクジャム(S)864円、オレンジママレード(S)540円、
ストロベリージャム(S)864円

ラベルの可憐なイラストにうっとり

左からアンズジャム(140g)、ブルーベリージャム(140g)、
イチゴジャム(140g)。各648円

100%国産果実のやさしい味
沢屋 旧軽井沢テニスコート通り店
さわやきゅうかるいざわテニスコートどおりてん

旬の国産果実とグラニュー糖のみを使って作るジャム専門店。新鮮なうちに製造するため、その年作ったものが完売次第、季節待ちに。ゲル化剤を使わず果物と砂糖のみで作っており、果物本来のやさしい甘みが特徴。

☎0267-42-8411
🏠軽井沢町軽井沢746-1
🕐3月中旬〜1月上旬、9:15〜18:00 ㊡期間中無休
🅿なし 🚌バス停旧軽井沢から徒歩7分 MAP付録②C-2

創業100年を超えた老舗ジャム店
中山のジャム
なかやまのジャム

1905（明治38）年創業の老舗ジャム専門店。先代が宣教師から伝授されたレシピを守り、香りと味わいのあるジャムを作り続けている。ジャムごとに違う、ていねいに描かれたラベルのイラストも人気の秘密。

☎0267-42-7825
🏠軽井沢町軽井沢750-1
🕐9:00〜18:00（冬季は10:00〜17:00）㊡無休 🅿なし 🚌バス停旧軽井沢から徒歩5分 MAP付録②C-2

甘すぎず、酸っぱすぎず

カレンツ(S)756円　他に、イチゴ、ブルーベリー、ルバーブなど

ロシア人直伝のシンプルな味わい
ジャムこばやし

1949（昭和24）年創業。ロシア人から学んだという製法を守り、シンプルなジャムを作り続けている。ほどよい酸味が残り、甘すぎないので、飽きがこない。自家栽培のルバーブやビーツなども販売している。

📞0267-42-2622 🏠軽井沢町軽井沢710 🕙10:00〜18:00 ㊡水・木曜 🅿なし 🚏バス停旧軽井沢から徒歩10分
MAP 付録② D-1

キュートなリンゴ三姉妹

左から季節限定 紅玉ジャム702円、信州林檎バター702円、林檎シナモンラムジャム681円

ジャムからディップまでそろう瓶詰め食品専門店
グロッサリーコート セルフィユ 軽井沢銀座店
グロッサリーコートセルフィユかるいざわぎんざてん

おしゃれなパッケージでおみやげとしても人気が高いセルフィユ。ジャムをはじめ、フルーツソースや野菜ディップなど瓶に入ったさまざまなアイテムを取りそろえている。ありそうでなかった味にも出会えるかも。

📞0267-41-3228 🏠軽井沢町軽井沢606-4 🕙10:00〜18:00（夏季は延長あり）㊡不定休（夏季は無休）🅿なし 🚏バス停旧軽井沢から徒歩5分
MAP 付録② C-1

珍しい味のジャムは店内の試食コーナーで一度試してみるのがおすすめです。

帰ってからも楽しめます
軽井沢のおいしいスーベニール

これだけはハズせない軽井沢のグルメみやげを紹介。
喫茶店のオリジナル商品や、老舗の裏人気商品など、
旧軽井沢に来たら買わずには帰れないものばかりです。

バラの花びらが入った ハチミツ

バラハチミツ540円(100g)／バラにはリラックス効果あり

ハニーショップ軽井沢
ハニーショップかるいざわ

ソバやトチ、アカシアなどさまざまな植物の花から採れたハチミツを販売する専門店。プロポリス入りのクリームなどビューティーアイテムも扱う。ハチミツは試食もOK。

📞0267-42-0583 🏠軽井沢町軽井沢733
🕐11:00〜18:00(季節により変動あり)
㊡不定休(夏季無休) Ｐなし
‼️バス停旧軽井沢から徒歩7分
MAP付録② C-1

食卓を豊かにする 信州味噌と調味料

左から、極成 国産大豆丸大豆醤油(100㎖)540円、酢重レストランドレッシング(200㎖)777円

酢重正之商店
すじゅうまさゆきしょうてん

"信州伝統の味"をコンセプトにした味噌・醤油など食卓を豊かにする調味料の専門店。それぞれ特徴の異なる味噌は8種類。酢重特製のおそうざいも人気で、お取り寄せもできる。

📞0267-41-2929 🏠軽井沢町軽井沢1-6
🕐10:00〜18:00(季節により変動あり)
㊡無休 Ｐなし
‼️バス停旧軽井沢からすぐ
MAP付録② A-3

老舗純喫茶の ジュースとコーヒー豆

左から、茜屋珈琲店のぐれいぷじゅうす2160円、茜屋珈琲店の珈琲豆100g800円

茜屋珈琲店旧道店
あかねやこーひーてんきゅうどうてん

長きにわたり旧軽井沢で愛される老舗珈琲店。ワインのように毎年微妙に味が異なる名物「ぐれいぷじゅうす」は、赤以外に白もあり。珈琲豆は、茜屋ファンにも人気が高い。

📞0267-42-4367 🏠軽井沢町軽井沢666
🕐9:00〜18:00(夏季は〜20:00)
㊡無休 Ｐなし
‼️バス停旧軽井沢から徒歩10分
MAP付録② D-1

ハンバーガー風の
新感覚の人気スイーツ

マドレーヌチーズバーガー 432円／濃厚なクリームチーズをマドレーヌ生地にサンド

軽井沢フードギャラリー
かるいざわフードギャラリー

ジャムやフルーツソース、調味料や瓶詰め惣菜など洋風文化を受け継いできた軽井沢らしいオリジナル商品を販売。信州産ふじりんごを贅沢に使ったアップルパイもおすすめ。

📞0267-42-0689 🏠軽井沢町軽井沢806
🕐10:00～17:00（夏季は～18:00）㊡無休（冬季は不定休）
Ｐなし ‼バス停旧軽井沢からすぐ
MAP付録② B-2

懐かしさを感じさせる
やさしい味わい

ハニーミルクジャム(165g)600円／練乳のような甘さ

浅間高原農場
あさまこうげんのうじょう

旧軽銀座入口近くにあるおみやげ専門店。ハニーミルクジャムは、ミルクの香りがふわりと口に広がる、やさしい甘さの人気商品。とろりとした食感もクセになりそう。

📞0267-42-2255 🏠軽井沢町軽井沢801
🕐9:30～18:00（GW、7・8月は変動あり）
㊡無休 Ｐなし
‼バス停旧軽井沢からすぐ
MAP付録② B-2

真っ赤なパッケージに
ひと目惚れ

オリジナルブレンドティーバッグ(10個入り)605円

軽井沢紅茶館 サンビーム
かるいざわこうちゃかんサンビーム

産地や味にこだわった紅茶の専門店。夏の水出し紅茶や秋のブドウなど、季節限定の珍しいフレーバーティー、デカフェ紅茶、ハーブティーなどがそろう。

📞0267-42-2263 🏠軽井沢町旧軽井沢586
🕐10:00 ～ 18:00 ㊡木曜 Ｐなし
‼バス停旧軽井沢から徒歩3分
MAP付録② B-2

ジャムやドレッシングなど瓶詰めが多い軽井沢のおみやげ。買いすぎて困らないよう、おみやげ用のしっかりとした手さげ袋があると便利。

かわいいリスが

ニホンリスが木の実をかじる音が
聞こえることも

軽井沢野鳥の森で
ネイチャーウォッチング

軽井沢の自然を深く楽しめるのが、ピッキオが開催する「野鳥の森ネイチャーウォッチング」ツアー。約300種類も生息している森の植物や野鳥、野生動物など、四季折々の生き物を観察しながら、説明をしてくれる。ほかにもさまざまなツアーを用意。

オオルリ
発見

遠くに野鳥を発見したときは、
双眼鏡でそっと覗いてみて

森の息吹を感じて

鳥のさえずりや、木々の揺れる音などに
耳を澄ませて歩く

ゆっくり
歩きましょう

水辺の生き物も
観察

どんぐり池にはオタマジャクシなど
小さな生き物がたくさん

ムササビ

ソバナ

ビジターセンターには
カフェも併設

「森のいきもの案内人」と森を歩く
ピッキオ ‖中軽井沢‖

軽井沢を拠点に野生動植物の調査研究や保全活動を行っている「森のいきもの案内人」ピッキオ。国設「軽井沢野鳥の森」で、ネイチャーツアーを開催している。約100ヘクタールの国有林では、年間で約80種の野鳥を観察できる。野鳥観察のベストシーズンは12～5月頃。ツアーは毎日10時に出発。3月下旬から11月は13時30分の回もある。ぜひ参加してみては。

☎0267-45-7777 ⌂軽井沢町星野 ✖無休 ★大人2500円～（ツアーにより異なる）※要予約（HPから予約可）Ｐあり
‼バス停星野温泉トンボの湯から徒歩7分 MAP付録① B-2

おいしい軽井沢

おいしいそばをはじめ、乳製品や果実など、
軽井沢には信州の気候が生んだ新鮮な食材がたくさんあります。

そして、その食材の持つ旨みを最大限に引き出す
フレンチやイタリアンの名店も軽井沢に集まっているのです。

朝ごはんや香り高きコーヒーなども
高原の澄んだ空気とともにいただけば、
一層おいしく感じられるでしょう。
とびきりの一皿に出会える楽しさを軽井沢で感じましょう。

爽やかな空気に包まれて
しっかり朝ごはん

凛とした空気と生まれたての光が満ちる朝。
軽井沢は、思わず早起きしたくなる、そんな場所です。
一日の始まりは、きちんとおいしい朝ごはんからはじめてみませんか？

朝食にぴったりのアサイーボウル

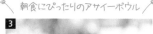

1 お店自慢の一杯。カフェイーナブレンド730円 **2** さりげないインテリアにも注目 **3** アサイーとフルーツがたっぷりと入ったスーパーアサイーボウル1820円 **4** 自家製スイーツやパティスリーもスタンバイ **5** ゆったりとしたソファー席は、ついつい長居してしまいそう

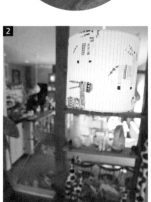

ナチュラル カフェイーナ ‖ 軽井沢駅周辺 ‖

軽井沢本通り沿いにあるブラジリアンカフェ。カラフルな雑貨や家具が並ぶ店内は明るい雰囲気。入口からテラス席へと抜けていくそよ風も心地よい。おすすめは店長・中山さんの淹れるコーヒー。バリスタとしての確かな腕を感じさせる、深いコクと香りの一杯がいただける。朝食は手作りのソーセージとフリッタータがつく軽井沢フレンチトーストや、季節のフルーツたっぷりのアサイーボウルが人気。

📞0267-42-3562 🏠軽井沢町軽井沢 東25 🕐7:00～17:00（冬 季 は 8:00～）※結婚式や各種パーティー時のみ夜営業あり 🈺火・水曜（祝日の場合は営業、8月は水曜休）🅿あり 🚃JR軽井沢駅から徒歩10分 MAP付録① E-4

緑の外観が目印。店先にはテラス席も用意されている

焼きたてパンをテイクアウト
軽井沢といえばパン屋さん。こちらも朝早くから営業しているので、テイクアウトして外で食べる朝ごはんもおすすめ。

ボリュームたっぷりシカゴスタイルの朝食

クリームチーズ入りスモークサーモンのオムレツ（パン・ドリンク付き）2250円

バラエティ豊かなトーストメニュー

ベーコンエッグを乗せたアメリカンブレックファスト1300円

SHERIDAN

‖南軽井沢‖シェリダン

シカゴで親しまれている味を再現した、朝食＆ブランチの専門店。オーブンで焼き上げるオムレツやパンケーキはふわふわ、スキレットもシェアできるほどボリューム満点で朝から大満足。ほかにスイス風ストロガノフ750円などのメニューも。

☎0267-31-6005 🏠軽井沢町発地1166-50 🕐6:30〜14:00（11〜3月は7:30〜）🈲水曜（11〜3月は変動あり）🅿あり ‼しなの鉄道中軽井沢駅から車で15分 MAP付録① B-6

❶マッシュポテトとたっぷりの野菜が入った、自家製ベーコンと目玉焼きのスキレット（パン・ドリンク付き）2250円 ❷落ち着いた雰囲気の店内

PUBLIC食堂

‖中軽井沢‖パブリックしょくどう

軽井沢コモングラウンズ ☞P.28内にある食堂。地域の交流の場になるようにと朝食とランチを提供している。朝食は天然酵母のパンをトーストしたメニューで、地元の野菜を中心に使い、王道からチーズ、旬のスープ付きまで種類豊富。

☎0267-41-0240 🏠軽井沢町長倉鳥井原1690-1 🕐7:30〜14:30（夏季はかき氷とビールのみ〜17:00）🈲火曜 🅿あり ‼しなの鉄道中軽井沢駅から徒歩15分 MAP付録① B-4

❶スタッフがDIYで仕上げたおしゃれな店内。外にはテラス席もある ❷花のようなサルサソースを散らしたクイーンアボカドトースト1300円

PUBLIC食堂では夏季の間、地元農家のフルーツや野菜を使った自家製ソースをかけたかき氷も味わえますよ。

ここを目当てにしたくなる
おいしいスイーツがあるカフェへ

軽井沢の散策のあとには、甘いものが欲しくなります。
ていねいに作られたスイーツでひと息いれませんか。
テイクアウトで購入できるカフェもあるので、おみやげにもぜひ。

1軽井沢苺のタルト702円はいちごの瑞々しさとホワイトチョコレートのバランスが絶妙 **2**パリのカフェをイメージ **3**人気のキッシュ594円〜は卵液のバランスがよく、食材の旨みもしっかり **4**ゆっくり過ごせるカフェ **5**カフェ限定のグラニテソーダ880円は飲めるかき氷。フランボワーズと信州産桃の2種類 **6**定番のショコラケーキのプルミエ605円とココナッツムースのヴィオラ562円

上質なフランス菓子を味わえるパティスリー&カフェ

La patisserie TAKAHIRO MARUYAMA ‖中軽井沢‖ ラパティスリータカヒロマルヤマ

フランスの星付きレストランでシェフパティシエも務めた丸山敬寛さんが営むパティスリー&カフェ。フランスの伝統菓子をベースに、地元の旬のフルーツや野菜などからひらめきで作るケーキやキッシュは、どれも手間暇かけた技術を感じられるものばかり。併設のカフェでドリンクを飲みながら、その味を堪能できる。

☎0267-34-0788
⌂軽井沢町長倉2055-4
🕙10:30〜17:00(カフェは〜16:30) 🈺日・月曜
🅿あり 🍴しなの鉄道中軽井沢駅から車で4分
MAP付録① C-4

5種類のフィナンシェ
1個280円

焦がしバターを使ったクラシックなフィナンシェ。軽井沢のいちごや花豆も使っているのでおみやげにぴったり

自家製クラフトチョコレートを楽しむ

NAGAKURAYA ‖ 南軽井沢 ‖ ナガクラヤ

カフェではクラフトチョコレートや季節の素材を使った手作りのマフィンやスコーン、カヌレ、ドリンクが味わえる。人気の焼き菓子の販売は木〜土曜。店内にはオリジナルクッキー缶や焚き火キャンドルなどギフト雑貨も並ぶ。

📞0267-44-4055
🏠軽井沢町長倉333-1 ⏰10:00 〜 18:00（カフェは〜17:00）
🈺日曜（夏季は無休）🅿あり
🍴しなの鉄道中軽井沢駅から車で5分 MAP付録① B-5

週末限定の濃厚なイタリアンプリン。メニューは季節によって変わる

🔴13種類のクッキーが入ったクッキー缶3024円 🔴2オリジナル雑貨も注目 🔴3レモンマフィン495円とチョコチップのスコーン363円、いちご牛乳495円 🔴4古民家のようなテラス席

木のぬくもりを感じるナチュラルな空間

コーヒーハウスシェーカー ‖ 中軽井沢 ‖

アメリカの"シェーカー"というスタイルを取り入れたシンプルなインテリアのカフェ。ケーキなどのスイーツはもちろん、ボリューム満点のカレーなど手の込んだ自家製メニューが並ぶ。木製カトラリーや一点物の器など、雑貨も販売。

📞0267-45-8573 🏠軽井沢町長倉3460-16 ⏰10:00〜18:00（時期により変更あり）🈺火・水曜（7月下旬〜8月は無休）🅿あり 🍴しなの鉄道中軽井沢駅から徒歩10分
MAP付録① A-4

🔴1手作りのアップルケーキ500円 🔴2🔴4木のぬくもりが心地よい店内 🔴3野菜がたっぷり入った自家製カレー1200円

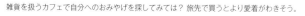
雑貨を扱うカフェで自分へのおみやげを探してみては？ 旅先で買うとより愛着がわきそう。

おいしい軽井沢／おいしいスイーツがあるカフェへ

とっておきスイーツを
新緑カフェで召し上がれ

軽井沢の自然に寄り添うようにたたずむカフェ。
緑を眺めながら、こだわりのスイーツをひと口食べれば、
心からほっとできるひとときが生まれます。

トルテと紅茶の
絶妙なマッチングに驚き

Menu
ロースハムとチーズの
ホットサンドイッチ…850円

濃厚なレーズン入りクリームチーズトルテ350
円は、ロシアンティー700円〜と相性抜群

外はさくっ、中はしっとり
ジャムを添えて…

Menu
丸山珈琲ブレンド
…770円

軽井沢スコーン紅茶セット1580円。紅茶と
ともにイギリス式ティータイムを

ミハエル
‖ 軽井沢駅周辺 ‖

緑に囲まれたウッディな空
間が落ち着くカフェ。ロシア
人の初代オーナーから受け
継いだレシピで作る秘伝の
ジャムが入ったロシアンティ
ーをぜひ。ジャムをイチゴ
やリンゴなど多彩な種類か
ら選ぶこともできる。

軽井沢に初めて登場したオープンカ
フェとしても有名

☎0267-42-6750
⌂軽井沢町軽井沢1323-269 ⏰4月中旬〜11月、10:00〜17:30
㊡期間中平日（7月中旬〜9月末は無休） Ｐあり ‼JR軽井沢駅か
ら徒歩15分 MAP付録① D-4

ティーサロン 軽井沢の芽衣
‖ 南軽井沢 ‖ ティーサロンかるいざわのめい

作家の内田康夫・早坂真紀
夫妻ゆかりのティーサロン。
人気はクロテッドクリーム
をたっぷり添えた軽井沢ス
コーンセット。木立の中にた
たずむカフェから美しい庭
園を眺めながら、極上のティ
ータイムを過ごせる。

テラスの前にはまるでイギリスのよ
うな雰囲気の庭園が広がる

☎0267-48-3838
⌂軽井沢町発地1293-10 ⏰4月下旬〜10月、11:00〜15:30 ㊡期
間中火・水曜（祝日は営業、4〜6・9・10月は土・日曜、祝日のみ営業）
Ｐあり ‼JR軽井沢駅から車で10分 MAP付録③ B-3

おみやげもチェックして

クッキーやビスコッティなどの焼き菓子やジャム、コーヒー豆などを販売しているカフェも多いので、気に入ったらおみやげに。

なめらかなクリームがポイント

Menu
コーヒー…550円
自家製デザート…700円

カスタードクリームの下にパイ生地を敷いた、カスタードクリーム洋梨ソース添え700円

ケーキは日替わりで楽しめます

Menu
ケーキセット…1210円〜
和牛フィレカツサンド
…4070円〜

ウエッジウッドなどの高級食器で、優雅な気分に。ケーキは日替わりで2〜3種用意

ふりこ茶房
‖ 南軽井沢 ‖ ふりこさぼう

喧騒から逃れた緑に囲まれた場所に、ひっそりとたたずむ和の雰囲気漂うカフェ。夏場は窓が開かれるため、店内にいながらまるで森林浴でもしているような開放的な気分が味わえる。ゆったりとした時間を楽しんで。

緑に囲まれたカフェ。紅葉の季節、秋に訪れるのもおすすめ

☎0267-48-0550
⌂軽井沢町発地848-2 ⏰3月下旬〜1月上旬、11:00〜16:30
㊡期間中木曜 Ⓟあり 🚗JR軽井沢駅から車で15分
MAP付録③ B-3

カフェ・ラベイユ
‖ 南軽井沢 ‖

まるで別荘に招かれたような気分になれるカフェ。ソファ席やテラス席など、ヨーロッパ調の豪華なインテリアに囲まれた空間でのんびりできる。ふわふわ食感のシフォンケーキやチーズケーキは手作りの優しい味わいが魅力。

目の前に四季折々の景色が広がるテラス席。ゆったりとした時間を

☎0267-41-6575
⌂軽井沢町長倉764-25 ⏰4〜11月、11:00〜16:30
㊡期間中月・火曜
Ⓟあり 🚗JR軽井沢駅から車で10分 MAP付録① B-5

夏季以外は、週1日以上の定休日があるカフェがほとんど。事前に必ず調べてから行きましょう。

優雅な午後を過ごすなら
ホテルのティーラウンジへ

避暑地・軽井沢の優雅な雰囲気を楽しむなら、
有名ホテルのティーラウンジがおすすめです。
美しい緑の木々を眺めながら、贅沢なティータイムが過ごせます。

趣あるラウンジやテラスで優雅なひとときを

旧軽井沢 ホテル音羽ノ森 ⌖P.96
レストラン「桂姫」ラウンジ ‖旧軽井沢‖

豊かな自然に囲まれたクラシカルなたたずまいが人気のホテル。フレンチに定評のあるホテルのパティシエが手がけるスイーツは、信州産のフルーツをふんだんに使った逸品ばかり。ソファ席やガーデンテラスで優雅な午後を。

☎0267-42-7711
🏠軽井沢町軽井沢1323-980
🕐10:00〜19:00（ティータイム）
㊡無休 🅿あり ‼JR軽井沢駅から徒歩15分 MAP付録① E-3

❶ガーデンの緑を望むソファ席 ❷人気のアフタヌーンティー 2750円は2日前までに要予約（2人前から） ❸小鳥がさえずるテラス

癒やしのテラス席でとびきりのスイーツを

ホテル鹿島ノ森 ⌖P.96
メイプルラウンジ ‖旧軽井沢‖

ラウンジの人気席は、小鳥のさえずりを聞きながらティータイムを過ごせるテラス席。パラソルの下で、オープン当初から提供している特製フレンチトーストやシュークリームなどスイーツをゆっくり味わえる。

☎0267-42-3535 🏠軽井沢町軽井沢1373-6 🕐3月中旬〜1月上旬、ティータイム9:30〜16:30（16:30〜17:00はドリンクのみ）㊡期間中無休 🅿あり ‼バス停旧軽井沢から徒歩15分 MAP付録① D-3

❶テラス席のパラソルの下でゆっくりお茶を楽しめる ❷人気のフレンチトースト。フルーツ添えは1400円 ❸カスタードプディング750円

ホテルの中庭を散歩しましょう

軽井沢には、手入れの行き届いた美しい中庭を持つホテルが多くあります。ティータイムの後は、のんびり散歩してみるのもすてきです。

憧れのアフタヌーンティーを楽しむ

軽井沢プリンスホテル ウエスト　⊠P.98

ALL DAY DINING LOUNGE/BAR Primrose ‖軽井沢駅周辺‖

朝食からランチ、ディナーまで1日利用できる広々としたレストラン。ティータイムには、世界的パティシエが考案する季節ごとの味覚がふんだんに盛り込まれたアフタヌーンティーセットがいただける。至福のティータイムを楽しんで。

📞0267-42-1111 🏠軽井沢町軽井沢 🕐ティータイム10:00～17:30（ランチ11:30～14:30）🈺無休 🅿あり ‼JR軽井沢駅から徒歩12分 MAP付録① E-5

1 テラス席も併設された店内 **2** アフタヌーンティーセットは2名7000円（サービス料別）**3** バラエティ豊かなランチブッフェも好評

美しいスイーツとドイツの名門紅茶を味わう

ホテルマロウド軽井沢　⊠P.99

カフェ シンフォニー ‖軽井沢駅周辺‖

森の光が差し込むカフェスペースには、のんびりくつろげるソファ席が。パティシエが手がけるスイーツは、夏には約8種そろう。ドイツの名門紅茶ブランド"ロンネフェルト社"の紅茶やこだわりのコーヒーがポットで提供される。

📞0267-42-8444 🏠軽井沢町軽井沢1178 🕐10:00～20:00（冬季は～19:00）🈺無休 🅿あり ‼JR軽井沢駅から徒歩10分 MAP付録① E-4

1 ゆったりと座れるソファを備えたラウンジ **2** 紅茶とともにケーキも楽しんで（写真は一例）。ケーキセット1030円～ **3** ロンネフェルト社の紅茶

ホテルのティーラウンジで出される紅茶やコーヒーは購入できる場合も。気に入ったら帰りに売店に立ち寄ってみましょう。

落ち着きのある空間で味わう
至福のコーヒータイム

昔から、軽井沢で夏を過ごす別荘族の人々は、
朝夕に喫茶店でコーヒーを楽しんでいるそうです。
避暑地とともに歩んできたコーヒー店をめぐってみましょう。

長年多くの人をひきつける味わい

丸山珈琲 軽井沢本店 ‖南軽井沢‖まるやまこーひーかるいざわほんてん

日本中からファンが集まるスペシャルティコーヒーの名店。コーヒーは世界各地の生産地をめぐり、直接買い付けたもの。本店限定の、丸山珈琲のブレンド・クラシック1991 715円はケーキ各種550円〜との相性も抜群。

☎0267-42-7655 ⌂軽井沢町軽井沢1154-10 ⌚10:00〜17:30 ㊡火曜(8月、祝日は営業) Ｐあり ‖JR軽井沢駅から車で5分 MAP付録① D-4

❶元ペンションのダイニングを改装したという店内 ❷周辺には別荘もあり、別荘族にも愛されている

400客のカップ＆ソーサーがお出迎え

茜屋珈琲店旧道店 ‖旧軽井沢‖あかねやこーひーてんきゅうどうてん

1970 (昭和45) 年以来、旧軽銀座で別荘族に愛されてきた老舗珈琲店。炭火焙煎しドリップした珈琲は、ブレンド995円と本日の珈琲 (ストレート珈琲) 995円など。クラシック音楽の流れる店内は落ちつける。

店舗情報は🔍P.40

❶カウンターの前には華やかなデザインのカップがズラリ ❷先代の直筆文字が刻まれたマッチ

高品質のコーヒーを
香りとともに楽しんで

私のために
選んでくれた
コーヒーカップ

優雅な空間で味わうとびきりの一杯

珈琲歌劇 ‖旧軽井沢‖ こーひーかげき

シェイクスピアの生家をイメージして造られたという、異国情緒あふれる店内は落ち着いた雰囲気。おすすめは、高品質のコーヒー豆を使用したブレンド珈琲970円。豆は注文を受けてから挽くというこだわりぶり。

📞0267-42-7833 🏠軽井沢町軽井沢12-7 ⏰10:00～18:00 ㊡不定休 🅿なし 🚌バス停旧軽井沢からすぐ MAP付録② A-3

1クラシカルなカウンター席
2ケーキはすべて自家製。人気のティラミス610円

ジョン・レノンも足繁く通った喫茶店

離山房 ‖南軽井沢‖ りざんぼう

ジョン・レノンが軽井沢滞在中に家族と通っていた喫茶店。山小屋のような店内がどこか懐かしさを感じさせる。離山房ブレンドコーヒーや創業から変わらぬ味のブルーベリージュースがおすすめ。

📞0267-46-0184 🏠軽井沢町長倉820-96 ⏰4～11月、10:00～16:00 ㊡期間中水曜（臨時休業あり）🅿あり 🚌バス停中学校前から徒歩10分 MAP付録① B-5

1木のぬくもりを感じる、暖かな雰囲気 2棚にはジョン・レノンが使ったカップなどが飾られている

ポットから飲むとなんだか優雅な気分

オーダーは、ジョンも愛した離山房ブレンドを

おいしい軽井沢／至福のコーヒータイム

食後のコーヒーもいいですが、朝に起き抜けの一杯を飲みに行くのもおすすめ。

ちょっとずつ、いろいろな種類を食べたい名物パン屋さん

朝、店先から漂う焼きたてのパンの香り。
香ばしい香りに誘われるままに、
個性豊かなパン屋さんめぐりをしてみましょう。

香ばしさの決め手はスペイン製石窯

いちじくと木の実のライ麦パン 496円／ライ麦を30%使用した生地に、いちじくと木の実がたっぷり。チーズやワインとも相性がいい

カンパーニュ クランベリー＆チーズ 410円／練り込まれたクランベリーと、クリームチーズの相性が抜群

ブリオッシュオランジェ 918円／口に入れるとオレンジピールの香りがふわり。バターと生クリームを練り込んだしっとり生地のパン

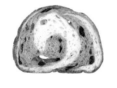

軽井沢ブルーベリー 2.6円(1g)／プレーン生地とブルーベリー生地をマーブル状にした見た目もキレイな1台5054円での販売もある

ブランジェ浅野屋 軽井沢旧道本店

‖旧軽井沢‖ ブランジェあさのやかるいざわきゅうどうほんてん

赤い看板がかわいらしい山小屋風の店内に、70種類以上の食卓パンや惣菜パンがずらり。スペイン製の石窯で焼かれるパンは、外はパリッ、中はしっとり。オリジナルのジャムや焼き菓子も人気が高い。イートインもOK。

📞0267-42-2149 🏠軽井沢町軽井沢738 🕐8:00〜18:00（7・8月は7:00〜20:00、1〜3月は9:00〜17:00）🅿なし 休無休 🅿なし ‖バス停旧軽井沢から徒歩6分 MAP付録② C-1

ジョン・レノンも購入した名物パン店

塩クロワッサン 184円／通常のクロワッサンよりバターが少なく、パリッと固めの生地。ほどよい塩加減がやみつきになりそう

クルミパン 594円／バターをたっぷり使った、しっとりとやわらかいパン生地。香ばしいクルミの粒が食感のアクセントに

チーズブレッド 594円／どっしりと重量感のある食卓パン。たっぷりのチーズが練り込まれており、トーストにしてもおいしい

フランスパン 378円／店で一番人気の看板パン。パリッとした外皮と、もっちりした生地は、ジョン・レノンも好んだ王道の味

フランスベーカリー

‖旧軽井沢‖

ジョン・レノンが購入したフランスパンの店として、軽井沢ではあまりにも有名な店。店内のカフェスペースでイートインもOK。万平ホテルのベーカリーチーフだった初代の味が、今も大切に受け継がれている。

📞0267-42-2155 🏠軽井沢町軽井沢618 🕐8:00〜17:00（7月中旬〜9月中旬は7:00〜18:00）休木曜（夏季無休）🅿なし ‖バス停旧軽井沢から徒歩6分 MAP付録② C-1

おいしい軽井沢／名物パン屋さん

デンマークの香り漂う食事パンがそろう

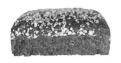

ルブロ 2200円／デンマークの黒パン「ルブロ」を食べやすいようにアレンジ。低温でゆっくり蒸し焼きにするので、しっとりしたライ麦パンに

ホーニンブロ 520円／麦芽粉、小麦、オーツ麦、ごま、大豆の焙煎五穀とハチミツを練りこんだ雑穀パン。香ばしく、ほんのり甘みが感じられる

エコロジスクブロ 1680円／自家製のオーガニック100％のサワードウカンパーニュ。北海道と長野県上田産の小麦を使う。酸味はやわらか

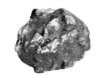

フルクト ミニ 450円／有機のドライフルーツとナッツがたっぷり入った人気パン。レーズンがジューシー。見た目ももっちりした食感

haluta bageri 追分

‖信濃追分‖ハルタベーガリおいわけ

複合施設「still」内にあるベーカリー。石臼で挽いた長野県や北海道のライ麦や小麦、有機食材など安心できる素材を使ってパンを焼く。デンマークの日常食「ルブロ」は、スモーブローにしていただくのがおすすめ。

📞0267-31-0841 🏠軽井沢町追分1372-6 still 1F 🕐10:00〜17:00 🈡火・水曜 Ｐあり 🍴しなの鉄道御代田駅から車で4分 MAP付録③ A-2

生地のおいしさを存分に味わうパン

甘夏ノワ 260円／くるみを混ぜ込んだ生地に愛媛県産の甘夏ピールと、隠し味でホワイトチョコが入っている。爽やかな甘酸っぱさが人気

食パン 1斤330円、2斤660円／3日かけて作る食パンはロどけがよく、もっちりしっとりの食感。噛みしめるほど生地の旨みが広がっていく

バゲット 280円／手間暇かけて作るバゲット。クラストはパリッと、中はしっとりに仕上げる。生地そのものがおいしいので、そのままでぜひ

メロンパン 240円／軽やかなサクッと食感のクッキー生地に包まれたメロンパン。生地に有塩バターが入っており、バターの風味がたっぷり

sioru bakery

‖信濃追分‖シオルベーカリー

「生地がおいしいパン」を目指し、発酵と熟成で旨みと甘みを引き出すことに力を注ぐベーカリー。人気の食パンやバゲットには3日かけるなど、丁寧に生地を作る。総菜や菓子パンなど30〜40種類のパンが並ぶ。

📞0267-46-8706 🏠軽井沢町長倉5568-2 🕐9:00〜15:00（売り切れ次第閉店、予約は15:00まで）Ｐあり 🍴しなの鉄道信濃追分駅から車で5分 MAP付録③ A-2

ある程度日持ちするハード系のパンは、おみやげにしても喜ばれます。

厳選した素材でていねいに作る
上質な乳製品とハム・ソーセージ

本格的なチーズや牛乳、珍しいハムやソーセージ…。
高品質なものを選ぶ人が集まる軽井沢だからこそ、
本物の味がそろっています。おみやげにもぴったりですよ。

安心して飲める有機牛乳&バター

有機手づくり牧草の牛乳（500ml）300円、
松本さんちの有塩バター 700円

専門店ならではの個性的なチーズ

ブルーチーズ（100g）1620円、カマンベール（100g）1026円

オーガニックの牧草で育てる牧場の牛乳
牛乳屋
‖ 北軽井沢 ‖ ぎゅうにゅうや

嬬恋高原にある松本牧場の
直営店で味わえるのは、無
農薬・無化学肥料の牧草で
育てた牛の牛乳。有機JAS

の認定も受けている。牛乳
の風味と甘みを感じるバタ
ーやチーズ、ヨーグルトも販
売。ソフトクリームが人気。

♪0279-84-2110 ⌂群馬県嬬恋村
鎌原大カイシコ2015-50 ①4月末
〜11月上旬、10:00〜16:00 ㉠期間
中火〜木曜（7月中旬〜8月は無休）
㉠あり しなの鉄道中軽井沢駅
から車で25分 MAP87

15種類以上のオリジナルチーズ
アトリエ・ド・フロマージュ軽井沢店
‖ 軽井沢駅周辺 ‖ アトリエドフロマージュかるいざわてん

自家工場で作るオリジナル
チーズが自慢のチーズ専門
店。評価の高いブルーチー
ズをはじめ、15種類以上の

自家製チーズのほか、チーズ
を使ったスイーツや冷凍ピ
ザなども販売している。20m
隣には直営レストランもある。

♪0267-42-7394 ⌂軽井沢町
軽井沢東18-9 ①10:00〜18:00
㉠水曜 ㉠あり
❗JR軽井沢駅から徒歩5分
MAP付録① E-4

おいしい軽井沢／上質な乳製品とハム・ソーセージ

5種類の味と食感が楽しい

バラエティーセット（各種2枚入り）780円

じっくり熟成させた奥深い味わい

左から、ハウスサラミ（250g）2295円、生ハム（100g）1404円

ドイツ職人直伝の本格デリカテッセン
軽井沢デリカテッセン
‖旧軽井沢‖ かるいざわデリカテッセン

保存料・着色料を一切使わずに、ドイツ職人直伝の直火式スモークで昔ながらの製法を守る食肉加工店。口に入れた瞬間に広がる、豊かな香りや味わいから、本物の味を実感できる。詰め合わせは贈り物にも好評。

☎0267-42-6427 🏠軽井沢町軽井沢657-6 🕘9:00～17:30（冬季は9:30～17:00）🅴木曜（7月下旬～8月は無休、冬季は水・木曜休）🅿なし 🚏バス停旧軽井沢から徒歩10分 MAP付録② D-1

駅からすぐの本場ドイツの味
腸詰屋 軽井沢一号店
‖軽井沢駅周辺‖ ちょうづめやかるいざわいちごうてん

本場ドイツ仕込みの製法で、ハムやソーセージを製造する専門店。イートインスペースもある軽井沢一号店で

は、プリッと歯ごたえのある肉汁たっぷりのソーセージをその場で食べられる。外国風の店内もかわいい。

☎0267-42-3791 🏠軽井沢町軽井沢東19-5 🕘3月中旬～12月下旬、10:00～18:00 🅴期間中水曜（祝日の場合は営業、7月中旬～8月は無休）🅿あり 🚉JR軽井沢駅から徒歩5分 MAP付録① E-4

ハムやチーズを買ったら、一緒に欲しくなるのがビールやワイン。軽井沢ならではの商品もあるので探してみては。

乙女心をくすぐる
和&洋スイーツ

いつでも、どこでも、おいしいスイーツが食べたい…、
甘いもの好きの人なら、その気持ちは旅先でも同じです。
軽井沢で見つけた、とびきりのスイーツはこちら。

和泉屋 傳兵衛
‖中軽井沢‖ いずみやでんべい

1920（大正 9）年から続く和菓子
の老舗が作るのは、和洋の垣根を超
えたお菓子。「ころころくるみ」は、く
るみやリンゴをシナモン風味のしっ
とりとした食感の生地で包んでいる。

📞0267-31-0811 🏠軽井沢町星野 ハル
ニレテラス内 🕙10:00～18:00
㊡無休 🅿あり 🚌バス停星野温泉トンボ
の湯からすぐ MAP付録① B-3

クルミがたっぷり入ったお菓子

軽井沢店限定のころころくるみ1個194円、5個入り1242円

竹風堂 軽井沢駅前店
‖軽井沢駅周辺‖ ちくふうどうかるいざわえきまえてん

栗の産地として知られる小布施に本店
を構える栗菓子の老舗。小布施栗や国
産栗にこだわった、炊き立ての栗おこ
わや栗菓子などを販売。上品な栗の
風味が楽しめる栗あんソフトもぜひ。

📞0267-46-8844 🏠軽井沢町軽井沢東
11-17 🕙8:00～18:00 ㊡無休
🅿あり 🚌JR軽井沢駅から徒歩3分
MAP付録① E-4

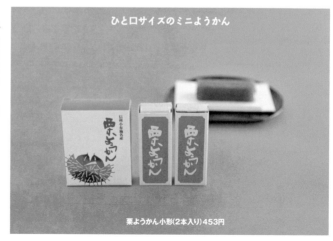

ひと口サイズのミニようかん

栗ようかん小形(2本入り)453円

RK DONUTS
‖ 南軽井沢 ‖ アールケイドーナツ

低温で長時間発酵させた生地で作るドーナツ専門店。中にはドーナツごとにブレンドしたクリームがたっぷり。果物など厳選した食材を上に乗せたフォルムも愛らしい。

☎0267-31-0456 ⌂軽井沢町長倉2681-1
🕐10:30～16:00 休火曜 Ｐあり
‼しなの鉄道中軽井沢駅から徒歩20分
MAP付録① B-5

多彩なフレーバーと軽やかな食感のドーナツ

左手前から時計回りにシャインマスカット700円、有機レモンクリーム390円、
濃厚卵の自家製カスタード390円、丸ごとバナナのバナナクリーム410円

スイーツランベルセ
‖ 南軽井沢 ‖

コロンと丸いプリンが人気のプリン専門店。手作りプリンは、どれもなめらかな舌触り。凝固剤を使用しない焼きっぱなしのプリンのほかに、プリンを巻き込んだプリンロールもある。

☎0267-46-8240 ⌂軽井沢町長倉574-3
🕐9:00～19:00 休水曜(1月中旬～2月は
水・木曜休) Ｐあり ‼バス停塩沢から徒
歩12分 MAP付録① C-5

色とりどりのなめらかプリン

左から、かぼちゃプリン、生クリームプリン、黒ゴマプリン、抹茶あずきプリン各420円
※プリン容器の変更予定あり

RK DONUTSの庭には、テイクアウトしたドーナツを食べられる手作りのテーブルもあります。

凛とした空気が心地よい
美空間レストラン

軽井沢には、その美しい自然と豊かな文化を反映するような
落ち着いた雰囲気のレストランがたくさんあります。
気品あふれる空間で、思い出に残る食事を楽しみましょう。

語り継がれるフランス料理

ブレストンコート　ユカワタン ‖中軽井沢‖

訪れる人が後を絶たない、森の中にたたずむ一軒家レストラン。やわらかい光に包まれたダイニングでは、王道のフランス料理をベースにしつつ、新たな味わいとの出会いが楽しめる。滋味あふれる旬の素材を取り入れたコースは27500円（サ別）。繊細なアートのような料理の数々に驚くばかり。時を経ても変わらない美食の体験をぜひ。

☎050-5282-2267
⌂軽井沢町星野 軽井沢ホテルブレストンコート敷地内 ⏰17:30～（完全予約制、公式サイトより要予約）
休無休 Ｐあり ‼JR軽井沢駅から車で15分 MAP付録① B-3

1

2

3

食前酒は屋外のアペロで。その後、シックで落ち着いた店内へ

4

5

6

1いちごのデザート「ナポレオン」 **2**前菜の一品、鯉のコントラスト。前菜が次々と供されるコース料理 **3**繊細で軽やかな乳飲み仔山羊の前菜 **4**豚のさまざまな部位を異なる味わいに **5**アート作品のような肉料理、鴨胸肉のロティ ソースポワブラード。ワインとのペアリングもおすすめ **6**森に包まれているような気分に

緑に囲まれたレストラン。四季折々の景色が楽しめる

森に包まれた隠れ家レストラン

Au Depart Cinq fers

‖軽井沢駅周辺‖オーデパールサンクフェール

信州の季節の食材をふんだんに使ったコース料理が、カジュアルに楽しめる人気のビストロ。和モダンな空間で、豊富にそろう長野県産ワインなどと一緒に味わえる。

📞0267-41-0776
🏠軽井沢町軽井沢東132 ⏰12:00〜14:00、17:00〜20:30（完全予約制、空いていれば当日予約も可）🚫木曜（冬季は変動あり）🅿あり
‖JR軽井沢駅から徒歩7分 MAP付録① E-4

■彩り豊かな季節のディナーコースは4950円〜。パスタとメイン料理を選べる。季節のランチコースは2530円〜 ■木々に囲まれ、隠れ家のようなレストラン

茶室や別荘として使われていた昔の建物を改装した和洋折衷の店内

■ランチコース8250円〜（要予約）。5皿程度のコースはメインとデザートが選べる ■彩りも美しい一皿に心もときめく。ディナーは12100円〜（要予約）

信州の恵みに遊び心を加えて一皿に

無彩庵 池田

‖南軽井沢‖むさいあんいけだ

無農薬野菜や淡水魚、畜産・酪農家の信州食材を中心に使い、フランス料理をベースに信州の郷土料理や自家製保存食も取り入れた多様な技法で料理を創り出す。名店で培ったシェフの感性豊かなコース料理が楽しめる。

📞0267-44-3930 🏠軽井沢町長倉1891-50 ⏰11:30〜13:00、17:30〜21:00 🚫月・火曜（祝日の場合は営業、7〜9月は火曜休）
🅿あり ‖JR軽井沢駅から車で6分 MAP付録① C-4

軽井沢ではドレスコードのないレストランがほとんどですが、ドレスアップすると特別な時間を演出できます。

軽井沢といえば…
やっぱりフレンチです

西洋文化が根づく軽井沢には、フレンチの名店が数多くあります。
都心では味わえない豊かな自然とおいしい空気の中で、
ちょっぴり贅沢に、本格フレンチを堪能しましょう。

1 見た目も美しい、季節の前菜「ラディッキオタルティーボのサラダ」 **2** テラス席から個室まで、さまざまなタイプの席が用意されている **3** 夏のスペシャリテ「冷たい桃のスープ」。まるごとの桃を器にした夏の人気メニュー **4** 木立の中にたたずむ一軒家レストランは、作家・水上勉氏の元別荘を改装したもの。建物の形の美しさにひかれて選んだのだそう

軽井沢を代表するフレンチの名店

エルミタージュ ドゥ タムラ ‖ 南軽井沢 ‖

多くの食通に愛される人気店。野菜はできるだけ無農薬のものを、食材は全国各地から旬のものを厳選して仕入れている。素材の旨みを引き出した料理は、バターやクリームを使い過ぎず、あっさりとした味付けに。いろいろな調理法で食材を楽しめるようにコースが構成されているのもこの店ならでは。

📞0267-44-1611（要予約） 🏠軽井沢町長倉820-98 🕐12:00〜13:00、18:00〜19:30 🚫不定期営業のためTELまたはHPで要確認 🅿️あり 🚏バス停中学校前から徒歩10分 🗺️付録① C-5

Menu

-ランチコース-
16500円(税・サ別)

-ディナーコース-
19000円(税・サ別)

※各コースとも、当日の仕入れによって食材や料理、皿数が決まるシェフおまかせのコース。予約時に好みや苦手な食材を伝えて

Menu

-ランチコース-
6270円～（サ10%別）

-ディナーコース-
9900円～（サ10%別）

❶ランチ、ディナーともコースは4種類でそれぞれ皿数が異なる ❷山桜が印象的なモダンな一軒家 ❸開放感のある明るい店内

信州の素材を生かした自然派フレンチ

フランス自然料理 シェ・草間
‖軽井沢駅周辺‖フランスしぜんりょうりシェくさま

フランスで約6年間修業を積んだシェフが提供する自然派フレンチ。地元やフランスから厳選した素材をふんだんに使った贅沢な料理を、自然派ワインとともに味わうことができる。

📞0267-46-9123
🏠軽井沢町軽井沢1265-15
🕐11:30～13:00、17:30～19:30
㊡水・木曜（夏季・冬季休業あり）
🅿あり 🍴JR軽井沢駅から徒歩15分 MAP 付録① D-4

シェフのおまかせコースを堪能

エフア ‖中軽井沢‖

軽井沢の名店で修業したシェフ夫妻が営むフレンチレストラン。地元の食材をはじめ、厳選した素材の魅力を引き出した料理が楽しめる。メニューは昼夜とも2コース。1営業2組のため、ゆったりと食事ができる。

📞0267-41-0239 🏠軽井沢町長倉2913-5 軽井沢ハウス1F
🕐12:00 ～ 13:00、18:00～19:30（完全予約制）㊡不定休 🅿あり
🍴しなの鉄道中軽井沢駅から徒歩5分 MAP 付録① B-4

Menu

-ランチコース-
6600円、8800円

-ディナーコース-
11000円、13200円

❶前菜の一例。宮崎産サーモンと季節の軽井沢野菜を合わせたマリネ ❷ランチでは低温調理で旨みを閉じ込めた信州みゆき豚肩ロースのローストなど、おまかせ料理が味わえる ❸洗練された店内

おいしい軽井沢／やっぱりフレンチ

おいしく食べて、心も体もにっこり
自然の恵みいっぱいのヘルシーランチ

軽井沢に来たらぜひ味わいたいのが新鮮な高原野菜。
自然の恵みがたっぷりの体にやさしい食材を使ったランチは
ほっとする味わいで、心も体もリラックスできます。

田舎のおばあちゃん家のような食事処

御厨 Mikuriya ‖南軽井沢‖みくりや

里山の麓にある、昔のおばあちゃん家のような和食処。おひつに入って運ばれてくる、佐久市のブランド米「五郎兵衛米」のかまど炊きご飯と、とろろ汁や信州福見鶏などご飯に合うおかずがセットになった3種の定食が人気。

📞0267-41-6741
🏠軽井沢町発地2127
🕐7:15〜14:00（食材がなくなり次第終了）困無休（11〜4月は水曜休）Ｐあり 🚉JR軽井沢駅から車で15分 MAP 付録③ B-3

lunch set
メイン・煮物・お惣菜・
小鉢・ごはん・おみそ汁
total　1400円〜

1煮物や金平ごぼうなど和のおかずがたくさん味わえる、とろろ汁御膳1730円 **2**御厨風あんみつ770円も人気 **3**ほっこりと落ち着ける古民家風の建物

111〜12種類の野菜と特製ソースのバーニャカウダ2640円 **2**コースのなかの一例、トウモロコシのブランマンジェ **3 4**閑静な森の中にあり店内はぬくもりあふれる空間

lunch
Aコース（アミューズ、前菜、パスタ、肉料理または魚料理、デザート）Total　4700円（税・サ別）

新鮮野菜の本格イタリアン

MODESTO
‖中軽井沢‖モデスト

新鮮な高原野菜をふんだんに使った、本格的なイタリアンが味わえる店。毎朝、シェフ自らが仕入れる地元野菜は、素材の魅力を最大限に引き出し調理。ランチ、ディナー共にA/Bの2コースが用意され、ほかアラカルトメニューや世界各国のワインも充実している。

📞0267-31-5425 🏠軽井沢町長倉平野3430-5 🕐12:00〜13:30、17:30〜20:30 困水曜（夏季、冬季は不定休）Ｐあり 🚉しなの鉄道中軽井沢駅から徒歩10分 MAP 付録① A-4

信州野菜がおいしい理由は？
四季が明瞭で昼と夜の温度差が激しい信州の気候は、野菜栽培にぴったり。清らかな水もおいしい野菜が育つポイントです。

疲れた体に効くヘルシーメニュー

じねんや 軽井沢バイパス店
‖南軽井沢‖じねんやかるいざわバイパスてん

玄米や雑穀、有機野菜を使った本格的なオーガニック・ヴィーガン＆グルテンフリー料理が味わえる自然食の店。店内では有機野菜や豆腐などの食材をはじめ、有機調味料などを購入することもでき、料理はテイクアウトも可能。

☎0267-46-2476 🏠軽井沢町長倉2733-1 ⏰10:00〜20:00（18:00〜は予約優先）🈺木曜 🅿あり 🚃しなの鉄道中軽井沢駅から徒歩15分 🗺付録① B-4

lunch set
メイン・季節の野菜
料理・おみそ汁
total 2500円

❶店内には地元の有機野菜が並ぶ❷ぬくもりあるアットホームな店内❸ヴィーガン二段かご弁当2500円

lunch menu
漁師風
シーフードサラダ
total 2035円

❶自家製リコッタチーズとバジルのトマトソースピッツア1958円。生地はプレーンと海苔の2種類から選べる❷特製海苔ドレッシングをかけた漁師風シーフードサラダ。高原野菜とサーモンのマリネなど魚介もたっぷり。スープとパンが付く❸吹き抜けがある広い店内

自家製酵母パンとヘルシーなサラダを楽しむ

ベーカリー＆レストラン 沢村 旧軽井沢
‖旧軽井沢‖ベーカリーアンドレストランさわむらきゅうかるいざわ

自家製チーズがたっぷり入ったカルツォーネ ピッツァや、信州の高原野菜をふんだんに使ったサラダ、肉料理などが楽しめるベーカリーレストラン。ランチタイムは人気のパンがおかわり自由。おみやげにパンや焼き菓子も。

☎0267-41-3777 🏠軽井沢町軽井沢12-18 ⏰ベーカリー7:00〜21:00、レストラン7:00〜21:00（季節により変動あり）🈺無休 🅿あり 🚏バス停旧軽井沢からすぐ 🗺付録② A-3

総席数280席もあるベーカリー＆レストラン 沢村 旧軽井沢には、テラス席や屋外カウンターなど多彩な席があります。

太陽の恵みたっぷりの
イタリアンもおすすめです

気を張らずカジュアルに食事を楽しむなら、やっぱりイタリアン。
本格的なリストランテから気軽なトラットリアまで、
予算や気分に合う、とびきりの一軒を選びましょう。

趣ある旧駅舎で味わう
軽井沢イタリアン

人気の軽井沢御膳3850円。パスタは安曇
野信州シャモと信州味噌のヴェルドゥーラ

厳選された旬の
自然の恵みを味わう

menu
ランチセット
2420円～

5種類の前菜と、季節ごとの旬のパスタまたは
ピザ、デザートまたは飲み物がつくランチセット

プリモ フィト 軽井沢駅舎店
‖軽井沢駅周辺‖ プリモフィトかるいざわえきしゃてん

信州産食材をふんだんに取
り入れたイタリアン。手の
込んだ前菜5品盛り、オー
ガニック麺を使った選べる
パスタ、ドルチェがつく軽
井沢御膳などが味わえる。

復元したしなの鉄道旧軽井沢駅舎
を利用。明治時代の雰囲気を残す

📞0267-46-8440 🏠軽井沢町軽井沢1178-1246 しなの鉄道軽井
沢駅旧駅口 🕐11:30～14:00、17:30～20:00
㊡水曜(11～3月は火・水曜) 🅿なし
🍴JR軽井沢駅からすぐ MAP付録① E-4

森の中のレストラン こどう
‖南軽井沢‖ もりのなかのレストランこどう

野菜や肉、魚など地元の食
材と旬を提供する、クオリ
ティの高いイタリアン。ラ
ンチタイムはリピーターも
多く、季節のパスタやピザ
がセットで楽しめる。

森の中にたたずむお店。ディナーは
予約制で、コース料理が味わえる

📞0267-46-5510 🏠軽井沢町長倉塩沢702 🕐3月～1月上旬、ラン
チ11:30～14:00、レイトランチ～14:30、ディナー 18:00～(予約制)
㊡期間中火曜(祝日の場合は翌日休) 🅿あり
🍴JR軽井沢駅から車で10分 MAP付録① C-5

定休日や営業時間に注意しましょう

寒さの厳しい軽井沢では、冬季休暇をとる店が少なくありません。定休日や営業時間に変更がないか、訪れる前に確認しておきましょう。

おいしい軽井沢／イタリアンもおすすめ

menu
軽井沢のフルーツトマトとブッラータチーズのカプレーゼ 2400円

イタリアで修業したシェフの味を堪能

マルゲリータなど10種のピッツァを日替わりで提供するピッツァランチは2300円〜

パスタ＆ピッツァは行列ができるおいしさ

menu
マルゲリータ 1870円
フォルマッジ 2035円
カルボナーラ 1540円

かき揚げ卵・ナス・ベーコンのトマトクリームソースのパスタ、バルティノベ1650円

ア フェネステッラ
‖ 南軽井沢 ‖

職人が一から作り上げた薪窯で焼くナポリピッツァが自慢。シェフの実家から届くイタリア野菜を使い、イタリア・カンパーニャ州の伝統的な料理に仕立てる。

純和風の一軒家を改築。広い窓から外の緑を感じられる

☎0267-31-6770
🏠軽井沢町長倉2622-5
🕐11:30〜14:00、17:30〜21:00 ㊡火曜、水曜のランチ 🅿あり
🚶JR軽井沢駅から車で8分 MAP付録① B-4

トラットリア プリモ
‖ 軽井沢駅周辺 ‖

ボリューム満点のパスタや表面はサクッ、中はモチッの自家製ピッツァが評判の人気店。味は本格的ながら手頃な価格でカジュアルに利用できるのもうれしい。

天井が高く、大きな窓を配した店内は、明るく開放的な雰囲気

☎0267-42-1129（予約不可、昼・夜ともに先着200名）
🏠軽井沢町軽井沢330-8 🕐11:30〜14:45、17:00〜20:30（季節により変動あり） ㊡不定休 🅿あり
🚶JR軽井沢駅から徒歩15分 MAP付録① D-3

プリモ ノイト 軽井沢駅舎店はトラットリア プリモの姉妹店。本店のトラットリア プリモで人気のティラミスも味わえますよ。

カジュアルに楽しむなら
味自慢のビストロへ

軽井沢には、懐かしい味が自慢の洋食の名店もたくさん。
くつろげるアットホームな雰囲気の店は、
気取らずに食事を楽しみたいときにぴったりです。

鉄板から聞こえるおいしそうな音と香り

歯ごたえビーフハンバーグ1728円 やわらかジューシーなのに、歯ごたえがあるハンバーグ。地物野菜のスープと焼きリンゴのデザートがセットに

自家製パンと欧風料理のビストロ

ビストロ料理1980円〜 店内の黒板から自由に選べるビストロ料理。スープ・サラダに手作りパンまたはライスなどのセットがある

鉄板洋食NISHIHATA ‖軽井沢駅周辺‖ てっぱんようしょくニシハタ

カウンター越しに鉄板を眺めながら、できたての洋食メニューをいただける店。なかでも人気なのが、歯ごたえビーフハンバーグ。不思議な歯ごたえは、一度食べたらやみつきに。

☎0267-41-1158 ⌂軽井沢町軽井沢東6-1 芦沢ビル103
🕐17:30〜21:10 🈡月〜木曜(冬季変動あり、GW・夏休みは予約不可) Ⓟあり ‼JR軽井沢駅からすぐ 🗺付録① E-4

りんでんばーむ ‖南軽井沢‖

ピンクの壁とアンティークの家具が外国のビストロを思わせるかわいらしい店。地元の野菜を使った欧風料理に、焼きたての自家製パンなどが付いたランチコースはボリュームたっぷり。

☎0267-41-0235 ⌂軽井沢町南が丘641-109 🕐11:00〜15:00、
17:00〜20:00 🈡不定休(冬季休業ありのため要問い合わせ)
Ⓟあり ‼JR軽井沢駅から車で10分 🗺付録① C-5

おいしい軽井沢／味自慢のビストロ

親しみやすいフレンチレストラン

ハンバーグプレート (120g) 1680円　希少部位「ハバキ」を使用し、食べ応えのある肉感。サラダ、付け合わせなどには15種以上の野菜を使用

KAZURABE ‖旧軽井沢‖カズラベ

フレンチが気軽に楽しめる庶民派レストラン。食材は信州産を主に使用し、ランチの米は信州八重原コシヒカリ発芽玄米。主菜、サラダ、焼野菜が一皿に盛られたランチプレートが人気。

📞0267-41-5186 (予約推奨)　🏠軽井沢町軽井沢726 ツチヤプラザ2F　🕐11:30〜14:30、18:00〜20:00　🈺火曜(冬季は不定休あり)　Ｐなし　🚏バス停旧軽井沢から徒歩7分　MAP付録② C-1

薪の火で焼き上げた暖炉料理

暖炉焼きランチセット3150円〜　暖炉で焼いたメインに、前菜ビュッフェ、サラダ、パンが付く。写真のメインは若鶏3850円(ともに料金はサービス料別)

Pyrenees ‖軽井沢駅周辺‖ピレネー

フレンチのシェフであるオーナーがピレネー山脈の麓の街で出会った薪の火で炙り焼きする暖炉料理の店。若鶏のほか、信州の千代幻豚や国産黒毛和牛などが絶妙な焼き加減で提供される。

📞0267-41-3339　🏠軽井沢町軽井沢1181-8　🕐12:00〜14:30、17:00〜21:30　🈺月・火曜　Ｐあり　🚏JR軽井沢駅から徒歩15分　MAP付録① D-3

予約なしで入れるビストロは、突然決まった旅行の強い味方。もちろん予約が必要な店もあるのでご注意を。

水がおいしい軽井沢は
おそばもおいしいんです

浅間山麓に湧く清らかな水と、
冷涼な気候の中で育まれた軽井沢のそば。
コシや風味をじっくりと味わってみましょう。

1 粗挽きで風味豊かなそばと自慢の天ぷらがセットになった天せいろ上2750円。豆腐の三種盛り880円も濃厚な味わい 2 シックな雰囲気の建物。旧軽銀座のそばにある

1 そばに天ぷら、けんちん汁が付いた、もみじセット1800円はボリューム満点のイチオシメニュー 2 中軽井沢駅を降りるとすぐに大きな看板が目に入ってくる

一品料理や地酒とともにそばを堪能

川上庵本店 軽井沢 川上庵

‖旧軽井沢‖かわかみあんほんてんかるいざわかわかみあん

ジャズが流れる落ち着いた店内で、風味豊かな自家製粉のそばを味わえる。旬の一品料理でお酒を楽しんだ後、締めにそばをいただくのが川上庵流。

☎0267-42-0009 ⌂軽井沢町軽井沢6-10
🕐11:00〜21:00（季節により変動あり）㊡無休 Ｐあり（17:00以降のみ）🚌バス停旧軽井沢からすぐ MAP付録② A-3

手打ちならではのコシの強さが魅力

かぎもとや中軽井沢本店

‖中軽井沢‖かぎもとやなかかるいざわほんてん

厳選したそば粉を使った風味豊かなそば。手打ちならではのコシも魅力のひとつ。活気にあふれた店内で、そばはもちろん、ボリュームたっぷりの品々を味わって。

☎0267-45-5208 ⌂軽井沢町長倉3041-1 🕐9:00〜20:00（冬季の土・日曜、祝日以外は〜19:00）㊡木曜（祝日の場合は前日または翌日休）Ｐあり🚌しなの鉄道中軽井沢駅からすぐ MAP付録① B-4

意外と知らないそばの栄養効果

食物繊維を多く含むそばには整腸作用も。それによってコレステロールや有害物を排出するので美肌作りにも一役かってくれそうです。

おいしい軽井沢／軽井沢のそば

1さらしな蕎麦1100円。すっきりとしたつけ汁が蕎麦とよく合う。ほかに、おらが蕎麦、田舎蕎麦など全4種類
2軽井沢バイパス沿い塩沢交差点の大きな看板が目印

1冷たいそばを温かいつゆでいただく、特製のかきあげつけそば1640円。かきあげ付きでボリュームたっぷり
2アットホームな店内。奥に座敷席もある

ほのかな甘みを感じる石臼挽きそば

十割さらしな蕎麦 志な乃

‖ **南軽井沢** ‖ じゅうわりさらしなそばしなの

厳選した国内産のそばの実を石臼で挽き、つなぎを使わず、浅間山の伏流水で打ち上げた香り豊かなそば。そばの実は、その日に必要な分だけを自家製粉している。

📞0267-44-1830 🏠軽井沢町長倉塩沢746
🕐11:00～14:30　㊡火曜
🅿あり ‼JR軽井沢駅から車で10分 MAP付録① B-5

コシはもちろん、喉ごしのよさも抜群

満留井

‖ **南軽井沢** ‖ まるい

国産のそば粉を石臼で挽き、手打ちで仕上げた細打ちで角のあるそばが特徴。土のつぼ"どたんぼ"でねかせた深みのあるつゆもこの店ならではの味。

📞0267-42-0330 🏠軽井沢町長倉628-5
🕐11:00～20:00（そばがなくなり次第終了）　㊡木曜（夏季は無休）
🅿あり ‼JR軽井沢駅から車で10分 MAP付録① C-6

寒暖の差が激しい信州の気候が、香り高いそばを育てるそうです。

71

地元の人にも人気です
名店秘伝の味

観光客はもちろん、地元の人にも評判の名店をご紹介。
長年の経験から生まれたオリジナルメニューは、
軽井沢を訪れたら一度は食べておきたい味です。

特製タレとジューシーな肉がマッチ

焼き鳥椀
1300円

地元食材を使った天ぷらは絶品

天ぷら定食
1600円〜

わかどり ‖旧軽井沢‖

1960（昭和35）年創業、夏は行列が絶えない人気の鳥料理店。おすすめは焼き鳥椀。肉汁たっぷりの身に特製タレが合い、香ばしい香りが食欲をそそる。一度食べたら忘れられなくなる味。

初代店主が考案した焼き器で焼くもも焼き「むしり」990円も人気。ピリ辛の特製ダレをつけて味わうメニュー

☎0267-42-4520 ⚑軽井沢町軽井沢3-4 🕐17:00〜19:40 休火曜、第1・3水曜 Pあり 🚌バス停旧軽井沢から徒歩5分 MAP付録① E-3

天布良 万喜 ‖旧軽井沢‖ てんぷらまき

旧軽銀座から脇道を入ってすぐにある天ぷら専門店。新鮮な魚介と地元・信州の野菜をふんだんに使った天ぷらは、サクッとした軽い食感。ランチタイムには人気の天丼が1400円で食べられる。

地元の食通にもファンが多い。ちょっぴり変わり種のとうもろこしの天ぷらも絶品。ぜひお試しを

☎0267-42-2310 ⚑軽井沢町軽井沢586-1 🕐4月中旬〜11月下旬、11:00〜15:00、17:00〜21:00（7月中旬〜9月中旬は11:00〜21:00）休期間中無休 Pなし 🚌バス停旧軽井沢から徒歩3分 MAP付録② B-2

おいしい軽井沢／名店秘伝の味

信州食材をじっくり味わう

信州蓼科牛イチボの
ステーキフリットセット
3960円

多くの著名人も唸らせた秘伝の味

ビーフシチュー
4500円
(スープ、サラダ、
パンまたはライス、
コーヒーまたは紅茶付き)

Paomu Karuizawa ‖旧軽井沢‖パオムカルイザワ

信州産しめじと牛肉を、赤ワインと野菜でじっくり煮込んだハッシュドビーフや、信州蓼科牛の希少部位をていねいに焼き上げたステーキが評判。1階で販売の軽井沢プリンはおみやげに。

店舗情報は🗺P.31

木のぬくもりがやさしい洋食店。夏場は風が気持ちいいテラス席（犬もOK）がおすすめ

レストラン 菊水 ‖南軽井沢‖レストランきくすい

別荘族に愛されて70余年。ぜひ食べたいのは、信州牛の希少な部位・ランプ（お尻）を使ったビーフシチュー。数時間煮込み、ひと晩ねかせた肉は、口に入れた瞬間にほろりととろける。

📞0267-44-1188 🏠軽井沢町長倉244-7 ⏰11:30～13:30、17:00～19:30 休水曜 Pあり ‼JR軽井沢駅から車で15分 MAP付録① B-5

メインストリートの裏路地にたたずむ昔ながらの洋食店。店内はアットホームでモダンな雰囲気

夜時間も充実させたい
夜遅カフェ&レストラン

せっかくだから夜遅くまで旅行を楽しみたいと思っても、
軽井沢で遅くまで営業している店を見つけるのは至難の技。
そんなときに便利な遅い時間まで営業している店を紹介します。

ヘルシーな中国料理
中国家庭料理 希須林
‖**中軽井沢**‖ちゅうごくかていりょうりきすりん

22:00
閉店
（変動あり）

野菜をたっぷりと使い、化
学調味料や油を極力控えた
体にやさしい中国家庭料理
が味わえる。何度でも食べ
られる飽きのこない味わい
にファンも多い。カウンター
10席の隠れ家のような空間
で、ゆっくりと楽しんで

☎0267-31-0411 ⛪軽井沢町星野
（ハルニレテラス内）🕐11:00〜
14:30、17:30〜21:00（季節により変
動あり）㊡無休（季節により変動あ
り）🅿あり 🚏バス停星野温泉トン
ボの湯から徒歩3分 MAP付録① B-3

menu

酢豚　1380円
五目あんかけ焼そば
1480円
野菜いっぱいタンメン
1380円
黒酢肉だんご（4個）680円

❶料理が仕上がる様子を間
近で見ることができるカウンタ
一席 ❷人気の軽井沢担々麺
1380円
❸麺類や単品メニューが豊富
にそろいお酒の種類も充実

おしゃれな一軒家で本場のカレーを
Sajilo Cafe forest
‖**旧軽井沢**‖サジロカフェフォレスト

22:00
閉店

ネパール、北インド料理専
門店。ネパール出身のシェ
フが作るカレーはスパイス
を多用した本格的な味なが
らもマイルド。ネパールの
蒸しギョウザ「モモ」や、炭
火で焼くタンドリーチキン
など単品メニューもそろう。

☎0267-42-5541 ⛪軽井沢町軽井
沢859-1 🕐4月上旬〜12月上旬、
11:00〜14:30、17:00〜21:00（土・
日曜、祝日は11:00〜21:00）㊡期間
中無休 🅿あり 🚏バス停旧軽井沢
から徒歩7分 MAP付録② C-3

menu

チキンカレー　　　1000円
ベジタブルカレー　1050円
タンドリーチキン　1050円
プレーンナン　　　385円
ターメリックライス　400円

❶ナチュラルなインテリアで統
一された店内
❷カレーはチキンやマトン、シー
フードなど豊富。ランチタイム
にはお得なセットも
❸店先にはテラス席もある

おいしい軽井沢／夜遅カフェ&レストラン

ふっくらご飯と美酒を堪能
レストラン 酢重正之
‖旧軽井沢‖ レストランすじゅうまさゆき

酢重の調味料、信州産の肉や魚、契約農家から届く野菜を使った和食が味わえるダイニング。ワインやビール、地酒も豊富に取りそろえていて、ついつい飲みすぎてしまいそう。締めには、銅釜で炊いたふっくらご飯と信州味噌の味噌汁をぜひ。

📞0267-41-2007 🏠軽井沢町軽井沢6-1 🕐11:00～21:00（季節により変動あり）🈚無休 🅿あり（17:00以降のみ）🚏バス停旧軽井沢からすぐ MAP付録② A-3

1レストランの向かいには、味噌や醤油を扱う「酢重正之商店」🈂P.40がある 2BGMはジャズ。和モダンなインテリアも人気のひとつ 3信州の食材を使った料理にお酒が進む

> **menu**
> 彩り野菜と豚の黒酢炒め
> 夜の単品1650円
> （ご飯セット付きランチ2090円）
> 酢重の鉄板カツ
> 夜の単品1705円
> （ご飯セット付きランチ
> 2178円）

22:00
閉店
（変動あり）

軽井沢で唯一のドイツ料理専門店
レストラン・カフェ キッツビュール
‖旧軽井沢‖

ドイツの国家資格を持つマイスターが作るソーセージやドイツの家庭料理であるアイスバインのほか、自家菜園の無農薬野菜を使ったメニューを提供。もちろん、食事とともに楽しみたいドイツビールは季節のもののほか常時11種を用意。

📞0267-42-1288 🏠軽井沢町軽井沢6-1 🕐7:30～23:00 🈚無休 🅿なし 🚏バス停旧軽井沢からすぐ MAP付録② A-3

24:00
閉店
（変動あり）

1夜の落ち着いた雰囲気もすてき 2ソーセージは向かいのデリカテッセンで購入も可能 3店内はヨーロッパのリゾートをイメージ

> **menu**
> おすすめソーセージ4種
> 盛り合わせ 2678円
> ジャーマンポテト 842円
> シェフサラダ 1598円

夜はすっかり人通りがなくなる軽井沢。夜遅くに外食に出かけたいという人は、あらかじめ店の近くのホテルを予約しておきましょう。

オリジナル商品がたくさん
ご当地スーパーでおみやげ選び

ジャム

棚一面にずらりと並ぶジャム。70〜80種そろい、季節限定ものも

プレミアムジャムシリーズ(155g)各431円。果肉入り

💬 パンも野菜も迷うほどたくさん♪

店内のベーカリーで焼いたパンの香りがふわり

💬 オリジナル商品をチェック

入り口を入ってすぐにある野菜売場は全長50m。信州の高原野菜もある

ドライフルーツ

国産にこだわり種類も豊富。低温で蜜煮した半生タイプ。やわらかドライフルーツ各302円

💬 人気店を発見!

丸山珈琲ツルヤオリジナル中深煎りブレンド(110g)518円

丸山珈琲 📷 P.52

軽井沢の人気珈琲店「丸山珈琲」とコラボしたオリジナル商品など種類豊富

店内には、モカソフトが人気の「ミカドコーヒー」📷 P.36などもある

系列店でもトップクラスの売場面積
ツルヤ軽井沢店 ‖南軽井沢‖ ツルヤかるいざわてん

長野県内に30店舗以上展開するスーパー。広い店内には、地元食材やパン、ジャムのほか、600種を超えるオリジナル商品などがところ狭しと並ぶ。

ビール

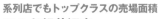

ツルヤオリジナルの地ビール。信州高原地ビール クリア/ブラック/オーガニック(350ml)各274円

📞 0267-46-1811
🏠 軽井沢町長倉2707
🕐 9:30 〜 20:00 (7〜9月は9:00〜) 休 不定休 (7〜9月は無休) 🅿 あり 🚋 しなの鉄道中軽井沢駅から徒歩15分 MAP 付録① B-5

大自然の中にたたずむ すてきな場所へ

文化人の避暑地として栄えてきた軽井沢。

爽やかな風が吹き抜ける湖畔のリゾート施設や
美しい花々が咲き誇るフラワーパーク、
ユニークな屋外展示のある美術館や博物館など…
浅間山の麓に広がる
雄大な自然に囲まれた北軽井沢も見逃せません。

軽井沢の自然の中に身を置いて
心身ともにリラックスしましょう。

塩沢湖畔のリゾートエリア
軽井沢タリアセン

アートや自然、スポーツやおいしい食事…、
軽井沢の魅力がギュッと詰まった軽井沢タリアセン。
南軽井沢の湖畔にあるリゾート施設で優雅なひとときを楽しみましょう。

豊かな緑と湖畔を望みながら優雅な時間を

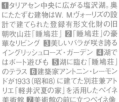

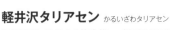

1 タリアセン中央に広がる塩沢湖。奥にたたずむ建物はW. M.ヴォーリズの設計で建てられた登録有形文化財の旧朝吹山荘「睡鳩荘」 2「睡鳩荘」の豪華なリビング 3 美しいバラが咲き誇るイングリッシュローズ・ガーデン 4 湖ではボート遊びも 5 湖に臨む「睡鳩荘」のテラス 6 建築家アントニン・レーモンドが1933（昭和8）に建てた別荘兼アトリエ「軽井沢夏の家」を活用したペイネ美術館 7 美術館の前に立つペイネ像

軽井沢タリアセン かるいざわタリアセン

塩沢湖畔に位置する複合施設。美術館・文学館のほか、レストランや遊戯施設などが点在し、自然に囲まれた場所で一日中楽しめる多様なアクティビティがそろう。

☎0267-46-6161 ⌂軽井沢町長倉217 ⏰9:00～17:00（冬季は要問い合わせ）休無休（冬季は不定休、美術館は展示替え休館あり）¥900円（施設により別料金あり）Pあり🚍バス停塩沢湖からすぐ MAP付録① B-5

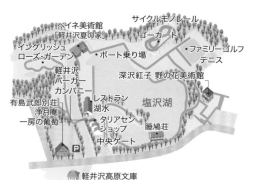

ペイネ美術館
「軽井沢夏の家」
サイクルモノレール
ゴーカート
イングリッシュ
ローズ・ガーデン
・ボート乗り場
ファミリーゴルフ
テニス
軽井沢
バーガー
カンパニー
深沢紅子 野の花美術館
レストラン
湖水
塩沢湖
有島武郎別荘
浄月庵
一房の葡萄
タリアセン
ショップ
睡鳩荘
中央ゲート
P
軽井沢高原文庫

直行バスも上手に利用して

町内循環バスのほか、軽井沢北口から「急行風越公園行き」に乗れば駅から約15分で到着できます。冬季は運休の場合もあるので確認を。

軽井沢高原文庫 かるいざわこうげんぶんこ

軽井沢を愛した多くの文豪たちの原稿や愛用品を展示し、企画展も開催。敷地内には移築された堀辰雄の山荘や野上弥生子の書斎もある。

📞0267-45-1175 ◷3〜11月、9:00〜17:00 ㊡期間中無休（展示入れ替えによる臨時休館あり）¥800円 ※セット券（入園料＋3館入館券）1600円 MAP付録① B-6

ペイネ美術館
ペイネびじゅつかん

「ペイネの恋人たち」で知られるフランスの画家レイモン・ペイネの原画やリトグラフ、画材などを展示。建物は国の重要文化財に指定。

📞0267-46-6161（軽井沢タリアセン）◷9:00〜17:00（冬季は要問い合わせ）㊡無休（冬季は不定休、展示替え休館あり）¥1100円（入園料含む）MAP付録① B-5

深沢紅子 野の花美術館
ふかざわこうこののはなびじゅつかん

野の花を愛し、描き続けた洋画家深沢紅子の水彩画や愛蔵品を展示する。建物は登録有形文化財に指定。

📞0267-45-3662 ◷9:00〜17:00（冬季は要問い合わせ）㊡無休（冬季不定休、展示替え休館あり）¥600円 ※セット券（入園料＋3館入館料）1600円 MAP付録① B-5

散歩の途中に少し休憩

レストラン湖水
レストランこすい

爽やかな湖畔にたたずむオープンテラスのレストラン。ランチセットやオリジナルカレーなど、地元野菜をたっぷり使った料理が味わえる。

📞0267-46-6161（軽井沢タリアセン）◷9:00〜17:00 ㊡無休 MAP付録① B-5

一房の葡萄
ひとふさのぶどう

有島武郎の小説から名づけられた、彼の別荘・浄月庵の1階にあるカフェ。古きよき時代のレトロな家屋でゆっくりと過ごすことができる。

📞0267-46-2001 ◷4月中旬〜11月上旬、11:00〜17:00（金曜は12:00〜）㊡期間中水・木曜 MAP付録① B-6

約200種1800株が咲き誇る園内のイングリッシュローズ・ガーデンは散歩しているだけでも気持ちのいいスポットです。

緑に包まれたノスタルジックな世界
南軽井沢・ムーゼの森

絵本の原画などを収蔵する「軽井沢絵本の森美術館」と、ドイツ・エルツ地方の
木工おもちゃを展示する「エルツおもちゃ博物館・軽井沢」を併設するムーゼの森。
どこか懐かしい気分に浸れる癒やしのアートスポットです。

ガゼボ（東屋）の
屋根の上にある
風見鶏もオシャレ

周囲の建物と緑
が見事に調和した
園内は散策するの
にも最適

ぬくもりを
感じる
場所です

軽井沢絵本の森美術館内の中央にあるナチュラルなガーデン「ピクチャレスク・ガーデン」

絵本と木工おもちゃの世界

ムーゼの森 ムーゼのもり

「絵本」と「木工おもちゃ」という、2
つのテーマを持つ美術館・博物館があ
るミュージアムパーク。童心に返って、
メルヘンな癒しの空間を楽しんで。

☎0267-48-3340 ⌂軽井沢町長倉182 ⏰3
月中旬〜1月上旬、9:30〜16:30（時期により
変動あり、カフェ「ルーエ」は11:00〜15:30）
㊡期間中火曜（祝日の場合は翌日休、GW・7
〜9月は無休、展示入替休館）Ⓟあり‼バ
ス停風越公園から徒歩8分 MAP付録① B-6

「ピクチャレスク・ガーデン」は、イギリス人
のポール・スミザーがデザインしたもの

軽井沢
絵本の森
美術館

ピクチャレスク・
ガーデン

エルツ
おもちゃ博物館・
軽井沢

お得な2館共通セット券をぜひ

「軽井沢絵本の森美術館/ピクチャレスク・ガーデン」と「エルツおもちゃ博物館・軽井沢」、どちらも行きたいときは共通セット券がお得です。大人1500円で両館に入館できます。

懐かしの絵本にきっと出会える
軽井沢絵本の森美術館
かるいざわえほんのもりびじゅつかん

欧米の古典や読み継がれている名作など、約6300点もの初版を含む絵本や原画を収蔵。敷地内には、豊かな自然が広がる「ピクチャレスク・ガーデン」も。

¥1000円 MAP 付録① B-6

B 第1展示館
木のぬくもりがやさしい展示室はドーム型の屋根が特徴。絵本文化の流れを学べる。

「世界図絵」コメニウス作
1777年イギリス版
（1658年初版）

C 第2展示館
企画展スペース。童話や童謡を題材とする絵本の紹介や、欧米の国別絵本など、多彩なテーマで展示。

A 絵本図書館
欧米の原書絵本を中心に、約1500冊の蔵書を誇る図書館。懐かしの絵本とうれしい再会を果たせるかも。

ピーターラビットの世界をより深く

D 第3展示館
世界的に有名なピーターラビットシリーズを常設展示する展示館。

E ミュージアムショップ
約500種類の木のおもちゃを取りそろえた「木のおもちゃのお店」と、絵本やオリジナルグッズを購入できる「絵本のお店」がある。

木のぬくもりを感じるおもちゃがいっぱい
エルツおもちゃ博物館・軽井沢
エルツおもちゃはくぶつかんかるいざわ

ドイツ・エルツ地方の伝統木工おもちゃと欧州の知育玩具を体系的に紹介している博物館。職匠の手で創られたおもちゃはまさに芸術品。

¥800円 MAP 付録① B-6

ほっとひと息

F カフェ「ルーエ」
手作りジンジャーエールや各種ケーキが味わえるカフェ。のんびりとした時間が流れるムーゼの森のオアシス。

G 展示館
明るい光が差し込む館内には3つの展示室がある。年2〜3回、企画展を開催している。

大自然の中にたたずむすてきな場所へ／ノスタルジックなムーゼの森

軽井沢タリアセンと同様、軽井沢駅からの直行バスが通年運行しています。

アートとの出会いを求めて 美術館めぐり

旅先で出会った絵画が、なぜか印象に残ることはありませんか？
美術館が多い軽井沢は、芸術との出会いの宝庫です。
新たな感動を探しに足を運んでみましょう。

注目の現代アートを気軽に鑑賞

軽井沢ニューアートミュージアム ‖旧軽井沢‖ かるいざわニューアートミュージアム

国内外を問わず世界の第一線で活躍する作家や、ジャンルレスな現代美術を斬新な切り口で紹介する企画展に注目。1Fは入場無料で楽しめる。

📞0267-46-8691 🏠軽井沢町軽井沢1151-5 🕙10:00〜17:00（7〜9月は〜18:00）休月曜（祝日の場合は翌平日休、8月は無休）💴1階は無料、2階は展示により異なる 🅿️あり 🚶‍♂️JR軽井沢駅から徒歩8分
MAP付録① E-4

■1作品も購入できる1階ギャラリー ■2 1階にはブックカフェも ■3 2階の展示室では、ジャンルにこだわらない注目のアートの展覧会を開催している

ギャラリーのあるミュージアム

軽井沢現代美術館 ‖中軽井沢‖ かるいざわげんだいびじゅつかん

草間彌生、奈良美智、名和晃平など、海外で高い評価を得る"海を渡った画家たち"の作品を中心に展示。ギャラリーでは作品の購入も可能。

📞0267-31-5141 🏠軽井沢町長倉2052-2 🕙4月下旬〜11月下旬、10:00〜16:30 休期間中火・水曜（GW、夏季は無休）💴1000円 🅿️あり
🚶‍♂️JR軽井沢駅から車で5分
MAP付録① C-4

■1館内は開放的で、明るい光が差し込む。ギャラリーでは作品の購入も可能 ■2草間彌生『南瓜』（高さ28cm）

ミュージアムグッズ

PUMPKINチャーム 黄・赤 各2530円
グッズでも人気のかぼちゃが小さなチャームに

1 **2** **3**

大自然の中にたたずむすてきな場所へ／美術館めぐり

建築と緑が引き立てるアート

軽井沢千住博美術館

‖ 南軽井沢 ‖ かるいざわせんじゅひろしびじゅつかん

海外での評価も高く、日本画の可能性を広げたと言われる画家・千住博の代表作が鑑賞できる美術館。床の起伏を生かし、ガラス張りの中庭から陽光が差し込む館内は、自然とアートが融合した心地よい空間。森の中を散策するような感覚で、リラックスしながら楽しむことができる。

☎0267-46-6565 ⏥軽井沢町長倉815 🕐3月1日～12月25日、9:30～16:30 🈲期間中火曜（祝日、GW、7～9月は無休） Ｐあり ‼JR軽井沢駅から車で10分 MAP付録① B-5

4

オリジナルグッズやショップおすすめの雑貨類も

5 **6**

7

8

1パーティションのような壁が並ぶ立体的な空間 **2**建築家・西沢立衛が設計した斬新な建物 **3**美術館の周囲は多種多彩な植物に包まれている **4**ミュージアムショップでおみやげを **5**軽井沢を代表するベーカリー「ブランジェ浅野屋」でひと息 **6**サラダ・スープ・惣菜・パン・ドリンクがセットになったデリプレート1300円 **7**ブランジェ浅野屋 軽井沢旧道本店（☞P.54と同様にパンが豊富 **8**軽井沢バイパス沿いの看板が目印

美術館で鑑賞した後は、ミュージアムカフェでゆったりするのがおすすめです。

花と緑のあふれるスポットで
のんびり癒やされましょう

自然豊かな軽井沢は花や緑の美しさを楽しめるスポットも豊富です。
高原の爽やかな風に吹かれながら木々や花々に囲まれて過ごす時間は、
心と体を癒やしてくれるはずです。

１1200本ものバラが咲く水辺の小径「フレグランスローズパス」 **２**新品種も見られるフレンチローズガーデン **３**自然のままの状態を残した場所もあり、飽きさせない工夫がされている

四季の花とバラが彩る湖上庭園

軽井沢レイクガーデン

‖南軽井沢‖かるいざわレイクガーデン

四季の花々や多彩な品種のバラが咲き誇る庭園リゾート。清らかな水をたたえた湖を中心に、イングリッシュローズガーデンやレイクサイドパスなど8つのエリアが展開され、園内にはカフェやレストランも。花と緑を愛でながらのんびり過ごせる。

📞0267-48-1608
🏠軽井沢町発地342-59
🕐4月下旬〜11月上旬、9:00〜16:30（季節により変動あり）㊡期間中無休
💴HPで要確認
🅿あり‼JR軽井沢駅から車で15分 MAP付録③ B-3

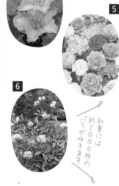

初夏には約一〇〇〇株のバラが咲きます

４湖ではアサザなどの浮葉植物が見られる **５7**エントランスには美しい草花で飾られた噴水が **６**イングリッシュローズのザ・メイフラワー。園内は花々の香りに包まれている

自然を肌で感じるカフェ
RK GARDEN
‖信濃追分‖アールケイガーデン

ガーデニング専門店「フラワーフィールドガーデンズ」の2Fにあるオーガニック・カフェレストラン。あふれんばかりの草花に囲まれ、森の中にいるような雰囲気の店内で、体にやさしいヴィーガン料理が味わえる。

☎0267-31-5330 ⌂軽井沢町追分1138-1 ⏰4月末〜11月上旬、9:00〜16:00(季節により変動あり) ㊡期間中火曜 Pなし ♨しなの鉄道信濃追分駅から徒歩20分 MAP91

①地元の新鮮野菜を使った料理は色鮮やかで、目でも楽しめる ②④店内にもグリーンがたくさん ③牛乳や卵を使わず野菜が主役のヴィーガンメニューが中心。ソイミートと豆乳のとろけるトマトクリームラザニア(天然酵母パン・ドリンク付き)1780円

花のある暮らしを提案
森の中の雑貨店
pace around
‖信濃追分‖ペースアラウンド

ドライフラワーやガーデニンググッズ、ヨーロッパから買い付けたヴィンテージものの食器などを扱う雑貨店。さりげなくスタイリングされたディスプレーを参考に、お気に入りのアイテムを選んで。

☎0267-32-7007 ⌂御代田町塩野400-158 ⏰10:00〜18:00(冬季は〜17:00) ㊡火・水曜 Pあり ♨しなの鉄道御代田駅から車で10分 MAP付録③ A-2

①ガラスを外した枠だけのシンプルなケース3600円〜。ドライフラワーを飾ったりするのにおすすめ ②③店内には上田市在住の作家のドライフラワー 540円〜も ④森の中に建ち、窓の向こうには木立が広がる

「軽井沢レイクガーデン」の園内には、約300種の草花が植えられており、どの季節に来ても楽しめます。

大自然の中にたたずむすてきな場所へ╱花と緑のあふれるスポット

大自然を肌で感じる
北軽井沢へドライブ

大自然を楽しむなら、まずは軽井沢町の名所、白糸の滝へドライブ。
さらに北に進むと群馬県に。浅間山北麓に広がるのが北軽井沢です。
美しい滝や溶岩が作り出した風景などを楽しみましょう。

浅間牧場からの雄大な眺め
遠くに見えるのは浅間山

鬼押出し園では
自然が生み出した溶岩の芸術に
圧倒されます

北軽井沢最大の浅間大滝
水しぶきが気持ちいい

北軽井沢へ車で行く場合は？

三笠通りから白糸ハイランドウェイへ。峰の茶屋から国道146号、もしくは中軽井沢から国道146号を北上すると20分程度で到着。

北軽井沢 MAP

国道144号　羽根尾
桜岩地蔵尊
周辺図●付録3
上ヶ北
ルオムの森 P.88
北軽井沢
P.56 牛乳屋 S
H 北軽井沢スウィートグラス P.105
鬼押出し園（浅間山北麓ジオパークエリア）P.87
R ママーズガーデン P.87
浅間大滝
王領地
浅間牧場
浅間園
小浅間山
白糸の滝 P.87
軽井沢駅
峰の茶屋　白糸ハイランドウェイ

2 園内には、大噴火の犠牲となった人の霊を供養する浅間山観音堂や、参道の入口である惣門、菊川人が書き残したという浅間噴火記念碑などがある

3 トロトロの半熟卵が食欲をそそるオムライス1480円。こぼれんばかりに具がのった、シンプルピザフランストースト は950円。どちらもボリュームたっぷり

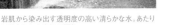

1 岩肌から染み出す透明度の高い清らかな水。あたりには爽やかな空気が漂う

1
白糸の滝
しらいとのたき

浅間山の伏流水が岩の隙間から糸のように細く流れ出すことから名づけられた滝。幅約70mの岩肌を約3mの高さから静かに水が流れ落ちており、滝のすぐそばまで近づける。

（自然）　📞0267-42-5538（軽井沢観光会館）
🏠軽井沢町長倉
Pあり　🚏バス停白糸の滝から徒歩3分
MAP 87

2
鬼押出し園（浅間山北麓ジオパークエリア）
おにおしだしえん あさまやまほくろくジオパークエリア

浅間山の噴火による溶岩が作り出した大自然の凄みを感じる場所。春は高山植物、夏は涼、秋は紅葉、冬は雪景色とさまざまな姿を楽しめる。ペットとの入園も可能（リード要）。

（自然）　📞0279-86-4141　🏠群馬県嬬恋村鎌原1053　🕐8:00〜16:30　🈚無休
💴700円　Pあり　🚏バス停鬼押出し園からすぐ　MAP 87

3
ママーズガーデン

地元産の新鮮な卵を使ったオムライスに定評のある洋食店。素材を生かしたメニューが豊富で、リピーターも多い。店内は条件付きでペット同伴OKで、ドッグランも併設。

（洋食）　📞0279-84-3130　🏠群馬県嬬恋村鎌原1054-682　🕐11:00〜14:00、17:00〜20:00（冬季は12:00〜14:00、17:00〜19:00）　🈡水・水曜　Pあり　🚏バス停浅間牧場から徒歩5分　MAP 87

バスで北軽井沢へ行くなら、JR軽井沢駅から出ている草津方面行きバスが便利です。

北軽井沢最古の美しい洋館へ
ルオムの森でくつろぎの一日を

浅間山麓の豊かな自然が広がる北軽井沢の地にあるすてきな洋館。
趣のある建物の中にはショップや書店、ギャラリーなどのお楽しみがたくさん。
コーヒーを飲みながら読書をしたり、アートを楽しんだり…思い思いに過ごせます。

自然の静寂に包まれて
のんびり読書＆森を散策

ルオムの森
ルオムのもり

大正期の実業家・田中銀之助の別荘だった北軽井沢最古の洋館を改装した複合施設。原生林の森が広がるこの地から、自然と共生する暮らしを提案している。施設内にはオリジナルはちみつの店や書店、ギャラリー、薪ストーブのショールームがあり、一日中楽しめる。

☎0279-84-1733 🏠群馬県長野原町北軽井沢1984-239 ⏰11:00～17:00
㊡火・水曜 ¥無料 Pあり 🚏バス停北軽井沢から徒歩20分 MAP87

❶森の中にたたずむ趣のある建物 ❷❹周囲には美しい森が広がる。緑の濃い森の庭は自由に散策することもできる。屋外展示などのアートイベントが開催されることもある ❸オリジナルはちみつ「百蜜（ももみつ）」や薪ストーブの展示、販売もしている

「ルオムの森」の"ルオム"とは?

フィンランド語で「自然に従う生き方」という意味。自然に抗わず、100年先を見据えた暮らし方を発信しています。

▷ ショップ＆カフェ

木をふんだんに使って作られたぬくもりあふれるスペース。季節によってはカフェもオープンし、開放的なテラスでは、石窯で焼くピザが食べられることも。

焼きたてのマルゲリータ1500円。アツアツで香ばしい

ピッツァは注文後に窯で焼いてもらえる

▷ おむすびブックス

女性2人が選書を担当する新刊書店。自然に関するものから絵本、詩集、北軽井沢にゆかりのある作家のものなどをラインナップ。

週末に読みたい本、森で読みたい本のセレクトがおもしろい

店主の興味に合わせ、扱うジャンルも多彩

不定期に開かれる本のイベントも要チェック

日によって「百蜜」を使ったスイーツが食べられることも

教会のチャペルのような開放的なテラス席

メニューにも使われる「百蜜」は30g600円〜

▷ ギャラリー

洋館2Fにあるギャラリー。年3回程度企画展を行っているほか、企画展に合わせたイベントやワークショップなども開催している。

写真展や作品展など企画の内容はさまざま

どんな展示に出会えるか、楽しみに訪れて

「百蜜」は季節や採蜜地で味や色が変わり、これまで約20種類の生はちみつを販売。「空と森と火の山」などネーミングもユニーク。

レトロな雰囲気が魅力
信濃追分さんぽ

旧中山道の宿場町として栄えた風情を今も残す、信濃追分。
数々の文化人にも愛された町の歴史を感じられるスポットや、
おいしいものを探して、散策しましょう。

農園の野菜を味わうデンマーク料理

レアチーズケーキ 自家製トマトジャム添えとノンアルコールのスパークリングカクテル

ヴィンテージ家具を配した店内

高糖度トマトと自家製ラタトゥイユのスモーブローセット2530円。ライ麦パンはhalutaが製造

トマトジュースもおすすめ

自家製天然酵母を使ったライ麦パンを提供

ライ麦カンパーニュ 800円
ライ麦をしっかり感じる素朴な味

リュスティック さつま芋 350円
九州産のサツマイモを使ったパン

ライ麦パン 1200円(ハーフ600円)
100%ライ麦を使用。酸味がある

(上)イートインもできる空間 (右上)ハード系をメインに約30種をそろえる (右)旧中山道沿いにある

1 jord y farm kitchen
ヨードワイファームキッチン

軽井沢で高糖度トマトをメインに栽培する柳沢農園直営のレストラン。デンマークのオープンサンド、スモーブローが評判で、農園の野菜がたっぷり味わえる。

野菜料理 ☎090-6484-4010 🏠軽井沢町追分1372-6 still 1F
🕐11:00〜14:30、金〜日曜は18:00〜20:30も営業 休無休
Ｐあり 🍴しなの鉄道御代田駅から車で4分
MAP 付録③ A-2

2 一歩ベーカリー
いっぽベーカリー

自家製天然酵母を使ったパンを販売するパン店。ほとんどの商品に自家栽培のライ麦を自家製粉したライ麦粉が入っており、小麦は国産を使用。素朴な雰囲気の店内では、購入したパンをイートインで食べられる。

パン ☎0267-41-6511 🏠軽井沢町追分578 🕐10:00〜17:00
休火〜木曜 Ｐあり 🍴しなの鉄道信濃追分駅から車で5分 MAP 91

信濃追分MAP

P.91 追分コロニー ⑤

小諸

P.91 信濃追分文化磁場 油や ⑫

P.90 一歩ベーカリー ⑤

Hエクシブ
浅間サンライン入口

軽井沢町

追分入口

追分宿

追分

18 堀辰雄文学記念館

追分宿郷土館

徒歩10分

RK GARDEN Ⓡ P.85

周辺図●付録③
右上が０
1:35,000

300m

西部小前

中軽井沢

物語の舞台にもなった「油や」

堀辰雄や立原道造、室生犀星など文化人に愛された「油や」。堀辰雄の小説『菜穂子』などに登場する旅館のモデルにもなっています。

堀辰雄など文士たちにも愛された

回廊のような廊下の先にショップが

さまざまな文化との出会いが楽しい

個性的で多彩な文化に出会える場所

アートや本のイベントも開催します

靴を脱いであがるくつろぎ空間

ぬくもりある照明にほっと落ち着く

まるで知人の家のようなほっこりする古本店

コーヒー、紅茶 各400円（冬季のみ）

町の雰囲気にしっくりと馴染む旅籠屋風の建物が目印

大自然の中にたたずむすてきな場所へ／信濃追分さんぽ

3 信濃追分文化磁場 油や

しなのおいわけぶんかじばあぶらや

1938（昭和13）年築の旅館、旧油屋旅館の建物を使ったアートやクラフトの情報発信施設。ギャラリーや古本店、レコードショップなど、多彩な店舗が並ぶ。

ギャラリー　☎0267-31-6511　⌂軽井沢町追分607
🕐4月下旬〜10月、11:00〜17:00　㊡期間中火・水曜（夏季は無休）
Ｐあり　🚶しなの鉄道信濃追分駅から車で5分　MAP91

4 追分コロニー

おいわけコロニー

「エコロジー＆エコノミー」をテーマに児童文学から趣味、経済など幅広いジャンルの本をセレクト。冬季はカフェもオープンし、本を読みつつのんびりできる。

書店　☎0267-46-8088　⌂軽井沢町追分612　🕐12:00〜17:00
㊡火・水曜（夏季は無休、11〜3月は不定休）Ｐあり　🚶しなの鉄道信濃追分駅から車で5分　MAP91

jord y farm kitchenはhalutaが運営する複合施設「still」に入っているお店。ここにはホテル🗺P.104やベーカリーなどもありますよ。

欲しいものがきっと見つかる
軽井沢・プリンスショッピングプラザ

軽井沢南口を出てすぐ目の前に広がる軽井沢・プリンスショッピングプラザ。
ラグジュアリーブランドをはじめ、雑貨やホビー、さらにフードコートまで
総店舗数約240店舗を誇る国内最大級のアウトレット施設です。

1 美しい緑と水に囲まれた自然豊かな環境でショッピングが楽しめる
2 ガーデンモールとツリーモールの前にある「芝生のひろば」。フードをテイクアウトして木陰でピクニックもおすすめ
3 海外のハイブランドのショップも充実

**広大な敷地を誇る
国内最大級のアウトレット**

軽井沢・プリンス
ショッピングプラザ

‖ 軽井沢駅周辺 ‖ かるいざわプリンスショッピングプラザ

軽井沢駅南口前の豊かな自然の中に、8つのショッピングゾーンで構成されたリゾート型ショッピングモール。ハイクオリティな感性と感度を持つ約240の店舗を展開。

📞0267-42-5211 🏠軽井沢町軽井沢
🕙10:00〜19:00（時期により変動あり）🈺不定休※詳しくは要問い合わせ 🅿あり 🚉JR軽井沢から徒歩3分〜10分 MAP 付録① E-4

NEW WEST
一流ブランドからカジュアルまで約70店舗が並ぶ

食事を楽しめる店が軒を連ねるグルメストリート

軽井沢 味の街

CENTER MALL
女性の美をテーマにジュエリーや雑貨などがそろう

TREE MALL
ハイブランドやセレクトショップが幅広くそろう

EAST
世界のスポーツやアウトドアブランドが集結

NEW EAST
国内のセレクトショップを中心に小物が充実

SOUVENIR COURT
ジャムやスイーツなどのおみやげ探しに

GARDEN MALL
ラグジュアリーブランドなど上質な店舗を展開

WEST
おしゃれな雑貨やキッズアイテムを探すならここ

FOOD COURT
バラエティ豊かな8つの飲食店がそろい600席を用意

圧力鍋をはじめ、フライパンや鍋、キッチンアクセサリーがずらり

フィスラー

☎0267-31-0480

美しくて機能的な調理器具がそろう

175年以上の歴史を誇るドイツの高級キッチンウェアトップブランド。高い技術と美しいデザインにより、世界中で愛され続けている。人気の圧力鍋も並ぶ。

スチーム付きの圧力鍋、ビタビット プレミアム

NEW WEST

NEW EAST

スピックアンドスパンジャーナルスタンダードアウトレットストア

☎0267-41-3015

人気ブランドの商品が1店で手に入る

「スピックアンドスパン」「ジャーナルスタンダード」などの人気アイテムがまとめられている、便利で注目度バツグンのショップ。

トレンドをベースに、自分らしいスタイルを表現できるのが特徴

大自然の中にたたずむすてきな場所へ／軽井沢・プリンスショッピングプラザ

SOUVENIR COURT

そば味噌 648円

軽井沢 旬粋

かるいざわしゅんすい

☎0267-41-1114

信州の名産品を買うならココ

信州らしい"旬"で"粋"なアイテムが勢ぞろい。そばや信州産果実のジャム、スイーツ、地酒、お漬物など、同店のオリジナル商品が並ぶ。

まるごと林檎 紅茶バウムクーヘン 2120円

信州 生八割そば 半生つゆ付 四人前 1404円

NEW EAST

サクレフルール

☎0267-31-6030

グランピングと肉料理を楽しむ

グランピング気分で食事が楽しめるフレンチビストロ。ステーキは熱々の焼き石ホットストーンに乗せ、お好みの焼き加減に仕上げて食べるのがおすすめ。

❶フランス産シャロレー牛。フランス最古の食肉牛で、肉本来の旨みを堪能できる ❷アウトレット内の池に面した店舗

各エリアにはレストランやカフェの有名店など人気店がいっぱい。ショッピングだけでなくグルメも楽しめます♪

地域のおいしいものが大集合
軽井沢の食文化の発信地へ

新鮮野菜

「軽井沢直売所」には生産者が朝、直接並べた野菜がずらり

フルーツソースやジャムも人気

人気チーズ工房の味が楽しめる♪

チーズの名店「アトリエ・ド・フロマージュ」のメニューを気軽に

チーズ専門店ならではのチーズをふんだんに使ったさまざまなメニューが楽しめる。軽井沢ピザセット2200円

地元みやげ

軽井沢のみやげ選びに

軽井沢みやげもそろうのが魅力。リンゴなどのフルーツも豊富

イートインも可

カジュアルに食事が楽しめる明るい店内

「手打ちsoba香りや」では、完全自家製粉、手打ちにこだわったそばが味わえる

うちたてそば

人気のセットメニューは3種類。Aセット1749円はくるみダレ付きのもりそば

季節のフルーツを使用した飲むお豆腐は390円〜

発地の人気豆腐店直営の「白はたるキッチン」。手作り豆腐を使った体にやさしいスイーツなどを販売

飲むお豆腐

軽井沢の"おいしい"がたくさん
軽井沢発地市庭 ‖南軽井沢‖ かるいざわほっちいちば

浅間山が眺められる絶好のロケーション。地元の新鮮な農産物など、軽井沢ならではの食材やグルメが数多く並ぶ。季節ごとに開催されるイベントも要チェック。

☎0267-45-0037 🏠軽井沢町発地2564-1 🕘9:00〜17:00 休無休(11〜3月は各テナントごとに休業日あり。HPにて要確認) Pあり ♨JR軽井沢駅から車で15分 MAP付録① B-6

軽井沢で叶える優雅な宿泊

遊び疲れた体を癒してくれる、宿のもてなし。

ホテルを囲む豊かな自然や、
優雅な気分にさせてくれる空間、
オーベルジュの心温まるサービスや料理。

宿に帰るのが楽しみになる、
とびきりの一軒を集めました。

避暑地・軽井沢の雰囲気を楽しむ
旧軽井沢にたたずむホテルへ

避暑地として長い歴史を持つ軽井沢の中心部・旧軽井沢には、
往時の趣を今に残すホテルから新しくオープンしたホテルまで、
個性豊かなリゾートホテルがそろっています。

■アースカラーに統一されたスタンダードツイン ■自然に調和したホテル ■レストランは完全予約制 ■朝食付きは4種類から選べる。写真はアメリカンブレックファースト

利用客が満足する快適リゾートを提案

ホテル鹿島ノ森 ‖旧軽井沢‖ホテルかじまのもり

カラマツの並木道を通り抜けると、広い芝生の庭園の中に外観が白と茶色で統一されたホテルが現れる。野鳥やリスがたわむれ、風が吹き抜ける敷地内では、散歩したりテラスで読書したりと、のんびり過ごせる。

♪0267-42-3535
🏠軽井沢町軽井沢1373-6
🕐3月中旬～1月上旬、IN15:00 OUT12:00
🛏洋室50 🅿あり
🚌バス停旧軽井沢から徒歩15分 MAP付録① D-3

宿泊プラン

1泊室料食事なし
(2名1室／1名分)
13500円～

カラマツ林にたたずむ、クラシカルなホテル

旧軽井沢 ホテル音羽ノ森
‖軽井沢駅周辺‖きゅうかるいざわホテルおとわのもり

豊かな自然に囲まれたクラシカルなたたずまいが、ゆったりと少し贅沢な軽井沢時間を過ごせる人気のホテル。レストランでは信州食材たっぷりの本格フレンチを堪能できる。

♪0267-42-7711 🏠軽井沢町軽井沢1323-980 🕐IN15:00 OUT11:00 🛏洋室38 🅿あり 🚌JR軽井沢駅から徒歩15分 MAP付録① E-3

■美しい中庭。ガーデンは散策するだけでリフレッシュできる ■ディナーには地元素材のフレンチを ■上品なインテリアのハイデラックスルーム ■敷地の奥にはチャペルもある

宿泊プラン

スタンダードルーム
1泊2食付き(2名1室/1名分)平日18370円～、休前日22000円～

ハイデラックスルーム
1泊2食付き(2名1室/1名分)平日23210円～、休前日27445円～

老舗リゾートホテルのリニューアル
多くの著名人に愛されてきた1894（明治27）年創業の万平ホテル。創業130周年に向けてリニューアルをし、2024年夏に再開予定。**MAP**付録① E-3

上質な時間を過ごせるリゾートホテル

旧軽井沢KIKYO
キュリオ・コレクションbyヒルトン
‖旧軽井沢‖ きゅうかるいざわキキョウキュリオコレクションバイヒルトン

その土地ならではの魅力を感じられるヒルトンのコレクションブランド。帰郷した時のように「おかえりなさい」という気持ちで迎えてくれる。信州の生産者の想いを表現した料理もぜひ。

📞0267-41-6990
🏠軽井沢町軽井沢491-5
🕐IN15:00 OUT12:00 🛏洋47、和洋3 🅿あり 🚃JR軽井沢駅から車で5分 **MAP**付録① E-3

宿泊プラン
1泊朝食付き（2名1室/1名分）
33500円～

1庭を楽しむバルコニー付きコートヤードデラックスルーム **2**ロゴマークの桔梗も咲くエントランス **3**ファインダイニング「SONORITÉ」はコース料理を提供 **4**静けさに浸れる大浴場

星空を眺める露天風呂で贅沢なバスタイム

ルグラン旧軽井沢 ‖旧軽井沢‖ ルグランきゅうかるいざわ

旧軽銀座まで徒歩6分に位置するシティリゾート。最上階にある開放的な露天風呂が人気。フレンチを中心に、イタリアンや日本料理などを取り入れた新しい西洋料理のディナーで、信州食材の魅力を堪能できる。

📞0267-41-2030
🏠軽井沢町軽井沢469-4
🕐IN15:00 OUT12:00
🛏洋43 🅿あり
🚃JR軽井沢駅から徒歩15分
MAP付録① E-3

宿泊プラン
1泊2食付き（2名1室/1名分）
40000円～

1街並みに調和したクラシカルな外観 **2**信州の恵みを味わえる新しいスタイルの西洋料理 **3**スーペリアツイン。全室36㎡以上のゆとりある客室 **4**星空にも癒やされる露天風呂でのんびり

軽井沢で叶える優雅な宿泊／旧軽井沢にたたずむホテル

憧れのホテルに泊まるなら、午前中はホテルでのんびりと過ごしては？ 朝食の後にお庭を散歩するのもすてきです。

木漏れ日がきらめく
緑に包まれたリゾートホテル

豊かな自然に包まれたリゾートホテルは軽井沢の象徴。
隅々まで手入れの行き届いた庭園や、カラマツ林を歩いて
のんびりと過ごすだけで、自然と心が癒されていきます。

落ち着きのある客室で
自然を楽しむ
軽井沢プリンスホテル
ウエスト

‖ 軽井沢駅周辺 ‖ かるいざわプリンスホテルウエスト

軽井沢駅南口のリゾートエリア
内の一角に建つホテル。客室棟
「PREMIUM WING」は木々の
枝や木漏れ日をイメージ。部屋
の窓の外にはテラスがあり、自
然との一体感を感じられる。温
泉棟やレストランもおすすめ。

☎0267-42-1111 🏠軽井沢町軽井沢
🕐IN15:00 OUT11:00
🛏洋243、コテージ162棟 🅿あり
🍴JR軽井沢駅から徒歩12分
MAP 付録① E-5

宿泊プラン

デラックス テラス ツイン
(2名1室/1名)
1泊朝食付き22231円～

デラックス テラス ツイン
(2名1室/1名)
1泊食事なし18531円～

❶野菜たっぷりの彩り豊かな和洋ブッフェの朝食。和食も用意 ❷部屋にいながら自然とのつながりを感じられるデラックス テラス ツイン ❸温泉棟「MOMIJI HOT-SPRING」。紅葉の時期も美しい

広大な敷地に広がる充実のリゾート
軽井沢プリンスホテル イースト

‖ 軽井沢駅周辺 ‖ かるいざわプリンスホテルイースト

軽井沢駅南口に広がる、広大なリゾートエリアにあるホテル。コンセプトは「NEO FOREST」。森の中にたたずむ落ち着いた雰囲気に遊び心を加えたホテルで、至福のリラクゼーションステイを。

☎0267-42-1111 🏠軽井沢町軽井沢
🕐IN15:00 OUT12:00 🛏洋70 🅿あり
🍴JR軽井沢駅南口から無料送迎巡回バスあり
MAP 付録① E-4

❶フォレストコーナーツインルーム。「ミナ ペルホネン」のデザインを随所にちりばめたかわいらしい部屋 ❷森をイメージしたロビー ❸優雅な時間と上質なメニューが楽しめるレストラン ❹信州産にこだわった洋朝食が味わえる

宿泊プラン

フォレストツインルーム
1泊朝食付き（2名1室/1名分）
17596円～

木立の中にたたずむやすらぎのホテル

星野リゾート
軽井沢ホテルブレストンコート

‖中軽井沢‖ほしのリゾートかるいざわホテルブレストンコート

全室コテージタイプの客室は、別荘を訪れたようにくつろげる。そば粉のクレープの朝食は宿泊者限定。軽井沢ならではのフランス料理が楽しめるレストランは宿泊者以外も利用可能。

☎0267-46-6200
⌂軽井沢町星野 ⏱IN15:00
OUT12:00 洋39 Pあり
‼JR軽井沢駅から送迎バスで15分 MAP付録① B-3

宿泊プラン
1泊朝食付き（2名1室/1名分）
18900円〜

1白を基調としたデザイナーズコテージ 2そば粉を使ったブルターニュ風クレープがメインの朝食 3 5緑に包まれたスタイリッシュな空間 4ラウンジで美しい緑を眺めながらティータイム

正統派フレンチでもてなす美食の宿

ホテルマロウド軽井沢 ‖軽井沢駅周辺‖ホテルマロウドかるいざわ

大通りから1本入っただけとは思えないほど、閑静な別荘地に位置するホテル。自慢は、四季折々の旬の食材を味わえるフレンチレストランの料理。素材の味を生かした正統派フレンチを存分に堪能できる。

☎0267-42-8444 ⌂軽井沢町軽井沢1178 ⏱IN15:00 OUT11:00
洋16、和4、和洋21 Pあり
‼JR軽井沢駅から徒歩10分（送迎サービスあり） MAP付録① E-4

宿泊プラン
ディナープラン（ツイン）
1泊2食付き（2名1室/1名分）
平日19000円〜、休前日22000円〜
朝食付きプラン（ツイン）
1泊朝食付き（2名1室/1名分）
平日13000円〜、休前日16000円〜

1軽井沢のさわやかな自然の中に立つ建物 2好みの卵料理が選べる自慢のアメリカンスタイルの朝食 3レストラン「ルミエール」で楽しめるランチ3080円〜 4広々としたツインルーム。トリプルでの使用も可能

軽井沢で叶える優雅な宿泊／緑に包まれたリゾートホテル

木の温もりを生かした
スタイリッシュなホテルにステイ

軽井沢の自然に溶け込むような木材をふんだんに使ったホテルは
どこもデザイン性が高く、居心地のいい空間に。
ライフスタイルホテルや気軽なホテルなど、スタイルに合わせて選べます。

1川のせせらぎが聞こえる人気のスタンダードリバービュー。ビューバスタイプはお風呂からも浅間山を一望できる 2オールデイダイニング「KAGARIBI」 3信州ポークもおすすめ 4フォレストガーデンにはファイヤーピットも 5人気スパでリチャージ 6木材を基調としたロビーは別荘のよう 7外観も美しい

"軽井沢の別荘"を感じさせるホテルでリラックス
ホテルインディゴ軽井沢 ‖南軽井沢‖ ホテルインディゴかるいざわ

世界で展開しているホテルブランドが軽井沢にもオープン。「別荘時間」をコンセプトに軽井沢の自然や文化などを表現し、別荘にいるようなステイが楽しめる。

ダイニングでは地元食材を薪の炎で豪快に調理する薪火イタリアンを。タイ発の人気ライフスタイルスパも併設し、極上のリラクゼーション体験もできる。

📞0267-42-1100
🏠軽井沢町長倉屋敷添18-39
🕐IN15:00 OUT11:00
🛏洋155
🅿あり
🍴JR軽井沢駅から車で5分
MAP付録① D-6

宿泊プラン
1泊朝食付き
（2名1室／1名分）
22500円〜

時間を気にせずお気軽ステイ

星野リゾート　BEB5軽井沢

‖ 中軽井沢 ‖ ほしのリゾートベブファイブかるいざわ

「居酒屋以上 旅未満 みんなとルーズに過ごすホテル」をコンセプトにした新感覚の宿。共有スペース「TAMARIBA」には24時間営業のカフェやラウンジがあり、持ち込みもOK。仲間と気ままに過ごせる。

☎050-3134-8094（星野リゾート予約センター）🏠軽井沢町星野 ⏰IN15:00 OUT11:00 🛏洋73 🅿あり
🍴JR軽井沢駅から車で15分
MAP付録① B-3

1「TAMARIBA」のウッドデッキ 2羽根つきフレンチトーストは朝食の人気メニュー 3ハプニングステイではマネキンのBEB君と相部屋になることも 4ロフトを備えた秘密基地のような「ヤグラルーム」

宿泊プラン

スタンダードプラン
1泊食事なし（2名1室/1名）
9000円～

29歳以下エコひいきプラン
1泊食事なし（2名1室/1名）
7500円

都会の喧騒から離れた知的想像空間

SHISHI-IWA-HOUSE

‖ 中軽井沢 ‖ シシイワハウス

世界的な建築家が建てた3棟が1つのホテルを形成するリトリート・コレクション「ししいわハウス（SSH）」。建築家の西沢立衛氏が手がけた「SSH No.03」は、日本の伝統建築をオマージュしたヒノキ張りのハウス。アートな空間でゆっくり過ごせる。

☎0267-31-6658
🏠軽井沢町長倉2147-768
⏰IN15:00 OUT11:00 🛏洋27、和3
🅿あり 🍴JR軽井沢駅から車で15分
MAP付録① A-2

SSH No.01とNo.02は建築家の坂茂氏が設計。No.02には軽井沢の味覚を堪能できるレストランもある

1No.03のスーペリアルームは全室が総ヒノキ張り。自然と光を感じる透明感が印象的な建物 2自然に囲まれたNo.03。建物を見学するだけでも楽しめる空間

宿泊プラン

1泊朝食付き
（2名1室/1名分）
35420円～

軽井沢で叶える優雅な宿泊／スタイリッシュなホテルにステイ

SHISHI-IWA-HOUSEのマグカップやバスローブは特注のオリジナルアイテム。細かなこだわりにも注目です。

お料理へのこだわりに感動
味わい深いオーベルジュ

宿での食事は、宿選びの重要な基準のひとつ。
こだわりのメニューを提供してくれるオーベルジュなら
そんな期待にきっと応えてくれますよ。

1自家農園の無農薬野菜やハーブ類を使ったメニュー **2**信州生チーズ 旬のフルーツと奏でるファンタジア **3**日本料理店「穏坐」ではフレンチと融合した日本料理が味わえる **4**客室は落ち着きのある上品な内装 **5**置き型のバスタブに独立したシャワーブースを備えたバスルーム **6**建物を木立が囲い、落ち着いた雰囲気

本格オーベルジュが用意する至福のディナータイム
オーベルジュ・ド・プリマヴェーラ
‖ 軽井沢駅周辺 ‖

新軽井沢の別荘地にある、28年目を迎える本格派フレンチオーベルジュ。軽井沢フレンチの草分けと称される料理は国内外の美食家たちをとりこにしている。

四季折々の料理を楽しんだ後は、隣接するホテルでステイを。小物や壁紙などフランスの雰囲気がただよう居心地のいい空間でのんびりとした時間を過ごしては。

📞0267-42-0095
🏠軽井沢町軽井沢1278-11
🕐IN15:00 OUT11:00
🛏洋10 休水・木曜（夏季は無休）Pあり ‼JR軽井沢駅から徒歩10分 MAP付録① E-4

軽井沢で叶える優雅な宿泊／味わい深いオーベルジュ

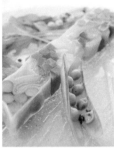

1信州サーモンなど地元素材を使用 **2**さまざまな調理法で旬の高原野菜を味わえる **3**軽井沢の自然を感じられる開放的なレストラン **4**小上がりもある和洋室 **5**軽井沢駅や軽井沢・プリンスショッピングプラザ⇒P.92まで車で5分 **6**ランチでは野菜をふんだんに取り入れた彩りも美しいカレーが味わえる

野菜にこだわったオーベルジュ
軽井沢ホテル ロンギングハウス
‖**中軽井沢**‖ かるいざわホテルロンギングハウス

提携農家や自家菜園から届く新鮮な食材を使った料理が評判の「野菜がおいしいレストラン」が併設されたオーベルジュ。常備30種類以上用意されているワインリストや、気持ちのよいテラス席など、食事を楽しむためのすべてが詰まっている。岩盤浴付きの客室やエステ、貸切露天風呂などもあり、リラックスして過ごせる。

📞0267-42-7355
🏠軽井沢町軽井沢泉の里
🕐IN15:00 OUT11:00
🛏洋46、和19 🅿あり
🚌バス停泉の里から徒歩3分
MAP付録① C-4

宿泊プラン
本館17㎡ツイン
1泊2食付き(2名1室／1名分)
平日14800円～、
休前日20800円～
新館フォレストスイート
1泊2食付き(2名1室／1名分)
平日22800円～、
休前日26800円～

料理にこだわりのあるレストランは、ドリンクへのこだわりも強いもの。料理に合うドリンクは店の人と相談を。

森の中でのんびりステイ
心休まるリラックスホテル

森の中にひっそりたたずむスタイリッシュなホテルやかわいらしいコテージ。
静けさに包まれた贅沢な空間でのんびりとすごせば、
心身ともにリラックスできるはずです。

心地よい静寂の環境でステイ
haluta hotelli still
‖信濃追分‖ハルタホテリシュティル

デンマークのヴィンテージ家具を扱うhalutaが、国有林を背に建つ旧ドライブインをリノベーションしたホテル。体にやさしい快適な住環境と上質な家具を設えた3つの趣が異なる部屋で、ゆっくり過ごせる。

📞0267-41-0206 🏠軽井沢町追分1372-6 still
🕐IN15:00～18:00 OUT11:00 🛁洋3 🅿あり 🍴し
なの鉄道御代田駅から車で4分 MAP付録③ A-2

宿泊プラン
1泊朝食付き（2名1室/1名分）
24500円～

❶国有林側に面したterrace。テラスから眺める森は癒やしの時間 ❷青色がメインのstudio。簡易キッチン付きで家のようにくつろげる。デンマーク製のカトラリーや食器も部屋ごとに違う ❸halutaの焼きたてパンがつくオーガニックの朝食 ❹国有林と同じ木々を植え、森との一体を目指す ❺ソファなど高級なヴィンテージ家具を配したgrandroomは特別室。ベッドは馬の毛でできたマットレスを使用。どの部屋も天然素材を組み合わせた内装なので心地がいい

halutaのパンをおみやげに

haluta hotelli stillに朝食のパンを提供している人気ベーカリー「haluta bageri 追分」P.55。複合施設still内1階のホテルフロント横にあります。

123大きな石窯を備えた「石窯コテージMUGI」。最高級の石窯で自らパンやピザを焼ける 45暖炉のあるオーベルジュ風コテージ「暖炉グリルコテージ グルマン」。肉や魚などのグリル料理を楽しむ環境が整えられている 67きのこ型のスウィートグラスのシンボル的存在「ツリーハウス・マッシュルーム」

宿泊プラン

石窯コテージ MUGI
1泊2名42900円〜（定員10名）
暖炉グリルコテージ グルマン
1泊2名46200円〜（定員10名）
ツリーハウス・マッシュルーム
1泊2名19800円〜（定員6名）

タイプの違うコテージが点在

北軽井沢スウィートグラス

‖北軽井沢‖きたかるいざわスウィートグラス

浅間高原の広大な敷地に個性豊かなキャビンやコテージなど多彩な宿泊施設をそろえたキャンプ場。遊び心あふれるツリーハウスや自然をより身近に感じられるテントサイトなどがあり、共有の遊び場も充実。

☎0279-84-2512 群馬県長野原町北軽井沢1990-579 IN14:00 OUT10:30（テントサイトはIN13:00 OUT11:30） 室コテージ24棟、キャビン・ツリーハウス26棟、テントサイト102区画 Pあり バス停北軽井沢から徒歩20分 MAP87

「北軽井沢スウィートグラス」のMUGI、グルマンの宿泊料には、石窯・ストーブ用の薪代が含まれています。

軽井沢へは
新幹線「はくたか」「あさま」が便利です

東京から最短時間&乗り換えなしで軽井沢へ行きたいなら、
北陸新幹線「はくたか」「あさま」が便利。直通なら1時間〜1時間20分で到着します。
名古屋、大阪からも東京経由で「はくたか」「あさま」に乗り換えるのが最速です。

新幹線か高速バスで軽井沢へ

速さを重視するなら北陸新幹線「はくたか」「あさま」を利用するのが
おすすめ。コストを抑えたいならバスも便利です。関西方面からは、
夜行高速バスを利用すれば朝に到着し、丸一日観光が楽しめます。

どこから	なにで?	ルート	所要	ねだん
東京から	🚄	**東京駅**→JR北陸新幹線「はくたか」「あさま」→**軽井沢駅**	1時間〜1時間20分	6020円
新宿から	🚄	**新宿駅**→JR湘南新宿ライン・埼京線→**大宮駅**→JR北陸新幹線「はくたか」「あさま」→**軽井沢駅**	1時間20〜50分	5810円
池袋から ※1	🚌	**池袋駅東口**→西武観光バス・千曲バス→**軽井沢駅前**	2時間50分	2300〜2900円
渋谷から	🚌	**渋谷マークシティ**→東急トランセ・西武バス・京王バス・上田バス(草津温泉行き含む)→**軽井沢駅**	3時間15分	3300〜3500円
名古屋から	🚄	**名古屋駅**→JR東海道新幹線「のぞみ」→**東京駅**→JR北陸新幹線「はくたか」「あさま」→**軽井沢駅**	2時間40分〜3時間10分	16660円
名古屋から	🚃	**名古屋駅**→JR特急「しなの」→**長野駅**→JR北陸新幹線「はくたか」「あさま」→**軽井沢駅**	3時間35分〜4時間35分	9590円
新大阪から	🚄	**新大阪駅**→JR東海道新幹線「のぞみ」→**東京駅**→JR北陸新幹線「はくたか」「あさま」→**軽井沢駅**	3時間30分〜4時間	19530円
あべの橋から ※2	🚌	**あべのハルカス(天王寺駅)**→近鉄バス・千曲バス「千曲川ライナー」→**軽井沢駅**	11時間25分	6000〜11000円

※1 下落合駅、練馬区役所前からも乗車可能、1便のみバスタ新宿(新宿駅新南口)始発
※2 近鉄なんば駅西口(OCATビル)、大阪駅前(地下鉄東梅田駅)、京都駅八条口からも乗車可能

軽井沢駅から中軽井沢はしなの鉄道で

中軽井沢へは軽井沢駅でしなの鉄道に乗り
換えて向かいましょう。所要時間は約5分と
短いのですが、本数が多くないので次の電車
まで時間が空いてしまう場合があります。そ
のときはバスを利用してもよいでしょう。

しなの鉄道路線図

上田　信濃国分寺　大屋　田中　滋野　小諸　平原　御代田　信濃追分　中軽井沢　軽井沢

上田電鉄　北陸新幹線　　　　　　　　JR小海線　　　　　　　　　　北陸新幹線

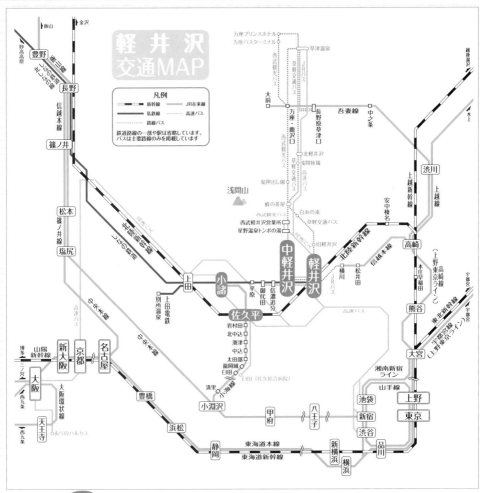

軽井沢交通MAP

凡例

新幹線	JR在来線
私鉄線	高速バス
路線バス	

鉄道路線の一部や駅は省略しています。
バスは主要路線のみを掲載しています

問い合わせ先

鉄道
JR東日本お問い合わせセンター
📞050-2016-1600
🅷🅿https://www.jreast.co.jp/

JR東海テレフォンセンター
📞050-3772-3910
🅷🅿https://www.jr-central.co.jp/

高速バス
西武バス案内センター　📞0570-025-258
東急高速バス座席センター　📞03-6413-8109
近鉄高速バスセンター　📞0570-001631

鉄道時刻や
料金検索に便利

駅探
https://ekitan.com

料金・データは2023年11月現在のものです。お出かけの際には最新の時刻表などでご確認ください。

車で行くなら「上信越自動車道」で
アクセスするのが定番です

軽井沢中心部に最も近いのは、上信越自動車道の碓氷軽井沢IC。
東京方面からは関越自動車道の藤岡JCT経由で、名古屋・大阪方面からは
長野自動車道の更埴JCT経由で上信越自動車道に入りましょう。

東京から

🕐1時間20分　距離:131km　¥3700円
練馬ICから関越自動車道に入り、藤岡JCTで上信越自動車道へ。碓氷軽井沢ICを降りると、軽井沢駅までは約20分。

練馬IC ―関越自動車道→ 藤岡JCT ―上信越自動車道→ 碓氷軽井沢IC

名古屋から

🕐4時間　距離:319km　¥7600円
名古屋ICから東名高速道路で小牧JCTへ。中央自動車道に入り、岡谷JCTで長野自動車道、さらに更埴JCTで上信越自動車道に入る。

名古屋IC ―東名高速道路→ 小牧JCT ―中央自動車道→ 岡谷JCT ―長野自動車道→ 更埴JCT ―上信越自動車道→ 碓氷軽井沢IC

大阪から

🕐5時間50分　距離:479km　¥10800円
吹田ICから名神・東名高速道路で小牧JCTへ。中央自動車道に入り、岡谷JCTで長野自動車道、さらに更埴JCTで上信越自動車道に入る。

吹田IC ―名神・東名高速道路→ 小牧JCT ―中央自動車道→ 岡谷JCT ―長野自動車道→ 更埴JCT ―上信越自動車道→ 碓氷軽井沢IC

問い合わせ先:日本道路交通情報センター 全国共通ダイヤル ☎050-3369-6666

避けては通れないのが
軽井沢の渋滞です

●民間の駐車場を利用しましょう
旧軽井沢は渋滞しやすいエリアです。旧軽ロータリー近くの町営旧軽井沢駐車場は2023年11月から2024年7月ごろまで平面化に伴う解体工事を行い、その後リニューアル工事となるため、2025年度（未定）ごろまで当面の間、使用できなくなりました。周辺の民間駐車場や駅周辺を利用しましょう。

ハイシーズンには町全体が渋滞すると言っても過言ではない軽井沢。ひどいときはICを降りる手前から渋滞に巻き込まれることも。車で軽井沢を訪れるにはそれなりの覚悟が必要です。

●GWやお盆はパーク&ライドで
"パーク&ライド"とは、GWやお盆の期間、軽井沢中心地から少し距離のある駐車場へ車を誘導し、そこに駐車してもらうことで中心地の渋滞を減らす対策です。しなの鉄道沿いの駐車場に車を停めて、鉄道で軽井沢へ向かうという方法もあります。

◎シーズンをはずせば
レンタカーもおすすめ
混雑するハイシーズン以外なら、軽井沢は車が便利。北軽井沢や信濃追分にも20〜30分で到着できます。

日産レンタカー
☎0120-00-4123
トヨタレンタリース
☎0800-7000-111
ニッポンレンタカー
☎0800-500-0919

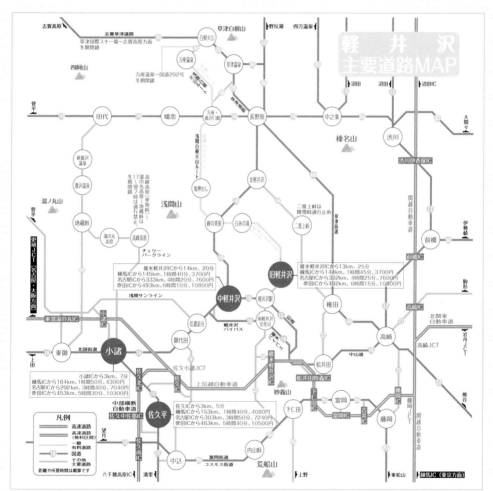

軽井沢
主要道路MAP

志賀高原
志賀草津道路
草津国際スキー場～志賀高原方面
冬期閉鎖

四阿山

万座温泉～国道292号
冬期閉鎖

草津白根山

白根火山

万座温泉

野反湖　四万温泉

沼田　沼田　沼田IC

菅平

田代

嬬恋

万座・鹿沢口

長野原

中之条

渋川

大間々

新鹿沢温泉

鹿沢温泉

浅間白根火山ルート

榛名山

渋川伊香保IC

湯ノ丸山

地蔵峠

高峰高原（車坂峠）～地蔵峠は冬期閉鎖。残雪時は通行禁止。

浅間山

北軽井沢

伊勢崎

前橋

関越自動車道

菅平

湯の丸高原

高峰高原

チェリーパークライン

峰の茶屋　白糸の滝

鬼押出し

二度上峠は降雪時通行止め

二度上峠

草津街道

前橋IC

駒形

浅間サンライン

碓氷軽井沢から14km、20分
練馬ICから145km、1時間40分、3700円
名古屋ICから333km、4時間20分、7600円
吹田ICから493km、6時間10分、10800円

中軽井沢

軽井沢駅

旧軽井沢

碓氷軽井沢から13km、25分
練馬ICから144km、1時間45分、3700円
名古屋ICから332km、4時間25分、7600円
吹田ICから492km、6時間15分、10800円

権田

高崎IC

北関東自動車道

岩舟JCT

更埴JCT（名古屋・大阪方面）

東部湯の丸IC

御代田

信濃追分

軽井沢バイパス

南軽井沢交差点

碓氷軽井沢IC

高崎

中山道

高崎JCT

小諸

小諸

北国街道

東御

上田

佐久小諸JCT

上信越自動車道

松井田

松井田妙義IC

妙義山

松井田

富岡

富岡IC

藤岡

熊谷

小諸ICから3km、7分
練馬ICから164km、1時間50分、4300円
名古屋ICから292km、3時間40分、7040円
吹田ICから453km、5時間30分、10300円

中部横断自動車道

佐久中佐都IC

佐久IC

佐久IC

佐久平

下仁田IC

下仁田

藤岡JCT

関越自動車道

佐久ICから3km、5分
練馬ICから153km、1時間40分、4080円
名古屋ICから303km、3時間50分、7240円
吹田ICから463km、5時間40分、10500円

望月

佐久南IC

富岡街道

内山峠

荒船山

八千穂高原IC

清里

中込

コスモス街道

上野

東松山

練馬IC（東京方面）

凡例
高速道路
高速道路（無料区間）
一般有料道路
国道
その他主要道路
距離や所要時間は概算です

※料金はETCを使用しない場合の高速道路普通車一般料金です。スマートIC（ETC専用出入口）は省略しています

109

index

⑩ みどころ　ℝ レストラン　ⓒ カフェ　⑤ ショップ　ℍ ホテル　♨ 温泉

ことりっぷ co-Trip
軽井沢

STAFF
●編集
ことりっぷ編集部
細江まゆみ
●取材・執筆
細江まゆみ
沼上歩美、関谷佐和子、中野優香
アイドマ編集室(外岡実)
●撮影
加藤熊三
上田寛之、菊田香太郎、柴田ひろあき、
清水ちえみ、高岡弘、武井優美、渡辺修司、
菅原景子
●表紙デザイン
GRiD
●フォーマットデザイン
GRiD
●キャラクターイラスト
スズキトモコ
●本文デザイン
GRiD、ARENSKI
●DTP制作
明昌堂
●地図制作協力
田川企画
●校正
田川企画
●協力
関係各町村観光課・観光協会、
関係諸施設

2024年2月1日　5版1刷発行

発行人　川村哲也
発行所　昭文社
本社:〒102-8238 東京都千代田区麹町3-1

☎0570-002060(ナビダイヤル)
IP電話などをご利用の場合は☎03-3556-8132
※平日9:00〜17:00(年末年始、弊社休業日を除く)

ホームページ:https://www.mapple.co.jp/

●掲載データは、2023年10〜12月の時点のものです。変更される場合がありますので、ご利用の際は事前にご確認ください。消費税の見直しにより各種料金が変更される可能性があります。そのため施設により税別で料金を表示している場合があります。なお、感染症に対する各施設の対応・対策により、営業日や営業時間、開業予定日、公共交通機関に変更が生じる可能性があります。おでかけになる際は、あらかじめ各イベントや施設の公式ホームページ、また各自治体のホームページなどで最新の情報をご確認ください。また、本書で掲載された内容により生じたトラブルや損害等については、弊社では補償いたしかねますので、あらかじめご了承のうえ、ご利用ください。
●電話番号は、各施設の問い合わせ用番号のため、現地の番号ではない場合があります。カーナビ等での位置検索では、実際とは異なる場所を示す場合がありますので、ご注意ください。
●料金について、入場料などは、大人料金を基本にしています。
●開館時間・営業時間は、入館締切までの時刻、またはラストオーダーまでの時刻を基本にしています。
●休業日については、定休日のみを表示し、臨時休業、お盆や年末年始の休みは除いています。
●宿泊料金は、基本、オフシーズンの平日に客室を2名1室で利用した場合の1人あたりの料金から表示しています。ただし、ホテルによっては1部屋の室料を表示しているところもあります。
●交通は、主要手段と目安の所要時間を表示しています。ICカード利用時には運賃・料金が異なる場合があります。
●本書掲載の地図について
測量法に基づく国土地理院長承認 (使用)
R 5JHs 15-162267　R 5JHs 16-162267
R 5JHs 17-162267　R 5JHs 18-162267

※乱丁・落丁本はお取替えいたします。
許可なく転載、複製することを禁じます。
©Shobunsha Publications, Inc. 2024.2
ISBN 978-4-398-16226-7
定価は表紙に表示してあります。